聖書100週間

I 旧約聖書—歴史書

JN132662

序　　文

　聖書の民の歴史の中には幾度か聖書の巻物が荘厳に読まれる場面が出てきます。その一つは、列王記にあるユダの王ヨシヤの改革のところで、主の神殿の工事をしていたときに偶然にも律法の書が発見され、それを読んだ人々は、自分たちがいかに聖書の言葉に耳を傾けず、そこに記されたことを実践していなかったかを知り、主のみ前で契約を結び、主に従って歩み、心を尽くし、魂を尽くして主の戒めと定めと掟を守り、契約の言葉を実行することを誓うのです。（列王記下23章参照）

　またもう一つの感動的な場面はネヘミヤ記にあります。バビロン捕囚から解放されイスラエルに帰還した民は、エルサレムを建て直し城壁を再建します。エズラは広場に居並ぶ男女、理解することのできる年齢に達した者に向かって律法を読んで聞かせ、夜明けから正午まで皆立ってその律法の書に耳を傾けます。民は皆、律法の言葉を聞いて泣いていたので総督ネヘミヤと祭司エズラは、「今日は、我らの主にささげられた聖なる日だ。悲しんではならない。主を喜び祝うことこそ、あなたたちの力の源である」と励ましています。（ネヘミヤ記8章参照）

　ここに神のみことばと神の民の出会いの本来の姿が生き生きと記されています。それは形式ばった儀式ではなく、感動と涙と喜びを伴い、何よりも力の源となって神の民を活力化するのです。ルドールズ師の長いご努力がこのような形で実り、更に神の民が神のみことばキリストに力の源を見出し、その言葉を喜びをもって実践する民となりますように、皆様と共に祈っています。

東京大司教　白柳誠一

ま え が き

　１９７４年から１９７５年に、全世界のカトリック教会で“聖年”を祝うことになりました。これを機会に、わたしは信徒の皆さんに「聖書を開いて一緒に読みましょう」と呼びかけました。

　当時、わたしの勤めていた東京のカトリック上野教会は、終戦後始まったばかりの教会でした。１９５５年（昭和30年）に赴任してからそれまでの間、わたしは教会を訪ねて来る人々にキリストの教えを紹介し、望む人には基礎的な準備だけで洗礼を授けていましたが、洗礼の準備に力を入れなければならない状態でしたから、洗礼の後の信徒の信仰を育てるところまでは、ほとんど手がつけられませんでした。しかし、日曜日に集まる教会共同体全体が、いつまでも初歩的な信仰にとどまることなく、聖書に述べられている神のみ言葉を知り、み言葉に養われ、キリスト者として信仰においても成熟するようにと、わたしは常にその必要を痛感していました。

　幸いに、「聖書を読もう」という呼びかけに、大勢の信徒がこたえてくれました。しかし、そのときは、将来、これが聖書100週間として、このように全国に広まる読み方になろうとは思ってもいませんでした。

　いよいよ聖書を読み始めてみると、「大変だ」と言いながらも、だれもが熱心に終わりまで読み続けました。わたし自身は大きな川に飛び込んでしまった感じでしたが、同時に、「すごいな！宣教師として日本に来たのは、まさにこのため、み言葉を伝えるためだったのだ」と、わたしも大きな喜びを味わい始めました。

　その頃から、日曜日の共同体の集まり（ミサ聖祭や他の典礼行事）に参加する信徒の態度にも変化が見え始め、朗読される聖書のみ言葉が、体にしっかり入っていくようになったと強く感じました。わたしの毎週の説教も変わったと信徒から言われました。つまり、聖書を読んでいるうちに、信仰の基礎を知識面でも確認し、“キリスト者とはどういうものか”把握できるようになります。また、毎週の集まりでひとりひとりが感想を述べますから、おのずと発言する訓練もしています。楽しくもあり辛くもあるこの訓練の中で、共同体の一員としての意識も育てられ、信徒は教会の中だけでなく、自分の生活の場や社会で、キリスト者としての自覚をもって、自発的に行動するように変わってきました。

　聖書100週間による全聖書の通読は、何よりもまず、主キリストに至る道です。主キリストを通して、聖霊に支えられて、父なる神のみ心を感じとる“三年間の連続黙想会”のようなものです。このような聖書の読み方を忠実に続けるならば、教会共同体全体にも、ひとりひとりにも、大きな

喜びと恵みが与えられると、今、わたしは確信をもって言うことができます。

　聖書100週間と言われるようになったのは、初期に全聖書を100回で読むようにしていたからです。しかし、経験を積むうちに、読む箇所が長すぎると内容がよく把握できないことが分かり、読む箇所を短くして回数を増やすことにしました。

　この読み方は、いつの間にか各地に広がり、北海道から沖縄まで、そして今では韓国でも、このやり方で読んでいる人々がいます。手探りで始まったこの読み方のために、聖書のほかに補助テキスト『聖書100週間』を手引きとして使ってきましたが、この補助テキストも、簡単なものから徐々にまとまり、今は相当のページ数になりました。

　聖書は、バルバロ師の口語訳『聖書・旧約新約』を使ってきました。これには短い解説や説明があり、便利でよかったのですが、最近出版された『聖書・新共同訳』が教会の朗読用となり、使われている地名や人名が大きく変わりましたので、補助テキスト『聖書100週間』も『聖書・新共同訳』に合わせて改訂することにしました。

　始めたときから現在まで、援助修道会のシスター永田柏に多くのことで手助けしていただきました。また、テキストをこのようなかたちに整えることができたのは、労苦を惜しまずに手伝ってくださった松浦わかさんのお陰です。そして、「あけぼの印刷」の皆さんの全面的なご協力も大きな助けになっています。そのほかに、いろいろな面で手伝ってくださった司祭、修道者、信徒の方々がたくさんおります。これも聖書100週間の豊かな実りの一つです。そればかりでなく、日本の教会が聖霊に導かれ、主のみ言葉を味わうことができるように、大勢の方々の祈りにも支えられてきています。これらのすべてのことに感謝しています。

　これからも、この聖書100週間が日本の教会の中で役立つなら、本当にうれしいことです。神のみ言葉を味わい、信仰の喜びのうちに生き生きとした人生を歩む信徒が、キリストのあかし人となり、日本の社会の中で、地の塩、世の光として福音を伝えていくようにと、いつも祈っています。
　完成される神、すべての初めであり終わりである神に感謝します。

1991年　　　　マルセル・ルドールズ神父

参考文献

1．聖書とその注解

Jerusalem

TOB 1988

Osty

Chouraki

The New Jerome Biblical Commentary,

　　　edited by　Raymond E. Brown, s.s.

　　　　　　　　Joseph A. Fitzmyer, s.j.

　　　　　　　　Roland E. Murphy, o.carm.

Petite Bibliothéque des Sciences Bibliques： Editions du Cerf

　　AT　3　Le Pentateuque, Josué, Juges, Samuel et Rois

　　AT　4　Les Prophétes et les livres prophétiques

　　AT　5　Les Psaumes et les autres Ecrits

　　NT　3　Lettres de Paul, Jacques, Pierre　et　Jude

　　NT　4　Evangiles Synoptiques et Actes des Apôtres

　　NT　5　Les Ecrits de Saint Jean

2．定期刊行物

Cahiers Evangile, Cerf

Dossiers de la Bible, Cerf

Le Monde de la Bible, Bayard-Presse

La Bible et son Message, Cerf

3．単行本

Pour lire l′Ancien Testament

Pour lire le Nouveau Testament

　　par Etienne Charpentier, Cerf, 1981

Dictionnaire Encyclopédique de la Bible

　　Brépols 1987

補助テキスト『聖書100週間』について

* このテキストは、聖書100週間の方法で全聖書を通読する方々のために、聖書全体の流れを把握しやすいように作成したものです。

* このテキストは、聖書のみ言葉に親しもうとしている信徒が聖書と一緒に使えば、不完全ながらも手助けになります。使徒言行録には、預言者イザヤの書を読んでいたエチオピアの高官に、フィリポが「読んでいることがお分かりになりますか」と聞くと、「手引きしてくれる人がなければ、どうして分かりましょう」（使8／27-31参照）と言っています。このテキストは簡潔ではあっても読み進むための手引きとなります。

* 旧約聖書も新約聖書も、できるだけ時代を追って読み進むようにしていますので、テキストは次のようにまとめました。

  旧約聖書
  1. その書の特徴や歴史的背景【〜書について】
  2. その書の重要な事柄　　　【主要点】
  3. その書のおもな教え　　　【〜書の教え】

  新約聖書
  1. その書の特徴や歴史的背景【〜書について】
  2. その書の構成と区分　　　【〜書の構成と区分】

* 聖書100週間の場合、参加者は前もって決められた箇所を読んでから集会に出席しますが、自宅でこのテキストを使いながら聖書を読めば、たやすく軌道に乗って順調に最後まで読み進むことができます。このテキストは、そのために大きな支えになります。

* 大切な事柄を「心にとめておくこと」として次のページにまとめてあります。度々お読みください。

* 教会共同体の中で全聖書を読む方々が、神のみ言葉を味わう喜びに満たされるように、補助テキスト『聖書100週間』がお役に立つなら幸いです。

> 「モーセとすべての預言者から始めて、聖書全体にわたり、主は御自分に
> 　ついて書かれていることを説明された。」
> 「わたしについてモーセの律法と預言者の書と詩編に書いてある事柄は、
> 　必ずすべて実現する。」（ルカ24／27,44）

心 に と め て お く こ と

* わたしたちは、神のみ言葉が歴史を通してどのように啓示されたのか、それはどういう人々に示されたのか、どのように受け入れられたのか、更に現代のわたしたちにどのようなかかわりがあるのか、それを知ろうとして聖書を開き、神のみ言葉を聴こうとしています。

* これから、『聖書100週間』の配分表によって聖書を読み進んでいきますが、わたしたちは聖書の初めから終わりまで、すべてのページを信仰の心をもって読みます。

* 参加者は互いに次の約束をします。
  1. 参加しているひとりひとりのために祈る。
  2. 聖書の読むべき箇所を、よく読む。
  3. 復習をする。
  4. 毎週の集まりに出席する（遅刻、欠席をしない）。

* 参加者は各自次のような準備をしてから、集会に出席します。
  1. 自宅で聖書を開くとき、まず、参加者ひとりひとりのために聖霊の導きを求めて祈る。
  2. その週に読む聖書の箇所を、よく読む。
  3. 各章とも、短い記録を取る。
  4. 読みながら心に響いたことや感じたことを記しておく。これは、集会で述べる感想の準備になる。
  5. 集会で発表する感想は、説明や解説やまとめではなく、その週に読んだ箇所全体で感じたことを述べる。

     特に参考書よりは、聖書をよく読むことに力を入れ、何度も読む。
  6. 復習は、自宅でも集会でも忘れずにする。

     テキストの【主要点】の重要事項や、その書の【教え】を読み直す。聖書を通して示される神のご計画を見いだすために復習も大切である。

* 集会は次のようにします。
  1. 始めの祈り、または聖歌を歌う。
  2. 毎回、復習をする。教会の伝統的な教えや信仰の本質を把握するため、重要事項や教えや今までに読んだ箇所を関連づけて復習する。頭の整理なので意見交換、議論、討論はしない。
  3. 今週読んだ聖書の感想を述べて、その後、自由なかたちで祈る。皆は共同祈願のかたちで答える。互いの感想をよく聴くように努力する必要がある。

     最後に、司会者も感想を述べて祈る。続いて全員で主祷文をとなえる。

4. 休憩（10分位）。

5. 来週読む箇所の説明など。

6. 終わりの祈り、または聖歌を歌う（司祭の祝福）。

＊ 全聖書をこの方法で読むと３年近くかかります。日常の他のことに優先して聖書を読む決心と覚悟が必要ですし、この期間の家族の協力も大きな支えと力になります。各自は聖書のために毎日30分〜１時間位を当てるようにお勧めします。

＊ 参加者は無断欠席しないように心がけます。万一欠席の場合は、前もって、その日の感想と祈りを文書や伝言で連絡係に伝えます。

＊ 参加者全員が約束を守り協力していくなら、最後まで続けることができます。また、参加者だけでなく、所属している神の民の共同体全体も、共に成長していきます。

「皆心を一つに、同情し合い、兄弟を愛し、憐れみ深く、謙虚になりなさい。」（Ⅰペト３／８）

＊ 司祭と集会の司会者へ

1. 集会の開始と終了の時刻を守るのは大切なことです。

2. 皆の顔が見えるように席を配置します。会場係などを決めて毎週のことを委任します。

3. 各自の出席票を作るのも大切です。また、集会では名前を呼んで発言を求めます。

4. 参加者に、聖書をよく読むように、聖霊の導きをよく祈るように、互いのためにも祈るように、度々勧める必要があります。

5. 感想について評価しないことは非常に大切です。兄弟姉妹の雰囲気を保つために、感想を褒めたり注意したりすることは絶対に避けるべきです。必要があれば、個人的に機会をみて言うようにしましょう。

6. 聖書100週間の方法では、各自が見つけた宝を発表し、互いに喜び合うことが大切なのですから、司会者が講義をする必要はありません。

7. 復習では、読んでいる聖書と各自の生活とのかかわりや、聖書と典礼との関連などが把握できるように、ある程度の整理が必要です。

8. 休憩後、質問があれば簡単に答えます。質問者本人に考えるヒントを与えるだけで十分です。初めはたくさんの質問や疑問がありますが、これから３年間読み続けるのですから、それらは少しずつ解決されるでしょう。

   この集まりの恵みは、知識だけでなく、信仰と祈りを育て、聴く耳と自分の言葉で信仰を伝える訓練ができるところにもあります。

9. 司会者が司祭ではない場合は、定期的に司祭の出席を求め、教会共同体の指導の下で集まりを進めることが大切です。

「神の言葉は生きており、力を発揮し、どんな両刃の剣よりも鋭く、精神と霊、関節と骨髄とを切り離すほどに刺し通して、心の思いや考えを見分けることができる。」（ヘブ4／12）

　主は言われる。
「天が地を高く超えているように
　わたしの道は、あなたたちの道を
　わたしの思いは
　　　　あなたたちの思いを、高く超えている。
　雨も雪も、ひとたび天から降れば
　むなしく天に戻ることはない。
　それは大地を潤し、芽を出させ、生い茂らせ
　種蒔く人には種を与え
　食べる人には糧を与える。
　そのように、わたしの口から出るわたしの言葉も
　　　　むなしくは、わたしのもとに戻らない。
　それはわたしの望むことを成し遂げ
　わたしが与えた使命を必ず果たす。」（イザ55／9-11）

『聖書100週間』配分表

Ⅰ　旧約聖書 − 歴史書

回	書　名	略語	章	回	書　名	略語	章
1	創　世　記	創	1 ～ 2	17			25 ～ 36
2			3 ～ 5		申　命　記	申	1 ～ 5
3			6 ～ 11	18	申　命　記	申	6 ～ 11
4			12 ～ 19	19			12 ～ 26
5			20 ～ 25／18	20			27 ～ 34
6			25／19 ～ 36	21	ヨ　シ　ュ　ア　記	ヨシュ	1 ～ 24
7			37 ～ 50	22	士　師　記	士	1 ～ 16
8	出エジプト記	出	1 ～ 7／7	23			17 ～ 21
9			7／8 ～ 15		ル　ツ　記	ル　ツ	1 ～ 4
10			16 ～ 24	24	サムエル記上	サム上	1 ～ 15
11			25 ～ 34	25			16 ～ 31
12			35 ～ 40	26	サムエル記下	サム下	1 ～ 12
	レ　ビ　記	レ　ビ	1 ～ 5	27			13 ～ 24
13	レ　ビ　記	レ　ビ	6 ～ 16	28	列　王　記　上	王　上	1 ～ 11
14			17 ～ 27	29			12 ～ 22
15	民　数　記	民	1 ～ 12	30	列　王　記　下	王　下	1 ～ 13
16			13 ～ 24				

ときどき、まとめとしての復習が必要です。
モーセ五書のあと
歴史書のあと
預言書のあと
教訓書（諸書）のあと
旧約全体の復習
新約全体の復習
旧約・新約全体の復習　などが、勧められています。

『聖書100週間』配分表

II　旧約聖書 － 預言書・教訓書

回	書　名	略語	章	回	書　名	略語	章
31	ア　モ　ス　書	ア　モ	1～9	54	マ　ラ　キ　書	マ　ラ	1～3
32	ホ　セ　ア　書	ホ　セ	1～7	55	ヨ　エ　ル　書	ヨ　エ	1～4
33			8～14		イ　ザ　ヤ　書	イ　ザ	56～66
34	列　王　記　下	王　下	14～23	56	ゼ　カ　リ　ヤ　書	ゼ　カ	9～14
35	イ　ザ　ヤ　書	イ　ザ	1～7	57※	歴　代　誌　上	代　上	
36			8～12		下	代　下	
37			13～23	58	箴　　　言	箴	1～15
38			24～39	59			16～31
39	ミ　カ　書	ミ　カ	1～7	60	ヨ　ブ　記	ヨ　ブ	1～21
40	ゼファニヤ書	ゼファ	1～3	61			22～42
	ナ　ホ　ム　書	ナ　ホ	1～3	62	雅　　　歌	雅	1～8
	ハ　バ　ク　ク　書	ハ　バ	1～3	63	コヘレトの言葉	コ　ヘ	1～12
41	エ　レ　ミ　ヤ　書	エ　レ	1～12	64	ヨ　ナ　書	ヨ　ナ	1～4
42			13～23		ト　ビ　ト　記	ト　ビ	1～14
43			24～39	65	ユ　デ　ィ　ト　記	ユディス	1～16
44			40～52		エ　ス　テ　ル　記	エ　ス	1～10
	列　王　記　下	王　下	24～25	66※	マ　カ　バ　イ　記　一	Ⅰマカ	1～16
45	哀　　　歌	哀	1～5	67※	二	Ⅱマカ	1～15
	バ　ル　ク　書	バ　ル	1～5	68	ダ　ニ　エ　ル　書	ダ　ニ	1～6
	エレミヤの手紙	エレ・手	1		ダニエル書補遺		全　部
	オ　バ　デ　ヤ　書	オ　バ	1	69	ダ　ニ　エ　ル　書	ダ　ニ	7～12
46	エ　ゼ　キ　エ　ル　書	エ　ゼ	1～12	70※	シラ書〔集会の書〕	シ　ラ	1～23
47			13～24	71			24～51
48			25～37	72	知　恵　の　書	知	1～9
49			38～48	73			10～19
50	イ　ザ　ヤ　書	イ　ザ	40～48	74※	詩　　　編	詩	賛美の詩編
51			49～55	75			嘆願の詩編
52	エ　ズ　ラ　記	エ　ズ	1～10	76			教訓的詩編
	ネ　ヘ　ミ　ヤ　記	ネ　ヘ	1～13				
53	ハ　ガ　イ　書	ハ　ガ	1～2		※ の書は、読む箇所を選ぶ。		
	ゼ　カ　リ　ヤ　書	ゼ　カ	1～8				

『聖書100週間』配分表

Ⅲ　新約聖書

回	書　　名	略語	章	回	書　　名	略語	章
1	マルコによる福音書	マ　コ	1〜8	22	ルカによる福音書	ル　カ	1〜6
2			9〜16	23			7〜13／21
3	テサロニケの信徒への 手紙一・二	Ⅰテサ Ⅱテサ	全　8	24			13／22〜19／27
4	ガラテヤの信徒への 手紙	ガ　ラ	1〜6	25			19／28〜24
5	コリントの信徒への 手紙一	Ⅰコリ	1〜7	26	使徒言行録	使	1〜8
6			8〜12	27			9〜18
7			13〜16	28			19〜28
8	コリントの信徒への 手紙二	Ⅱコリ	1〜7	29	テモテへの手紙 一・二	Ⅰテモ Ⅱテモ	全　10
9			8〜13		テトスへの手紙	テ　ト	1〜3
10	ローマの信徒への手紙	ロ　マ	1〜6	30	ヤコブの手紙	ヤ　コ	1〜5
11			7〜11	31	ペトロの手紙一	Ⅰペト	1〜5
12			12〜16	32	ユダの手紙	ユ　ダ	1
13	フィリピの信徒への手紙	フィリ	1〜4		ペトロの手紙二	Ⅱペト	1〜3
	フィレモンへの手紙	フィレ	1	33	ヨハネの手紙 一・二・三	Ⅰ・Ⅱ・Ⅲ ヨ　ハ	全　7
14	コロサイの信徒への手紙	コ　ロ	1〜4	34	ヨハネの黙示録	黙	1〜11
	エフェソの信徒への手紙	エフェ	1〜6	35			12〜22
15	マタイによる福音書	マ　タ	1〜6	36	ヨハネによる福音書	ヨ　ハ	1〜6
16			7〜12	37			7〜12
17			13〜17	38			13〜17
18			18〜23	39			18〜21
19			24〜28				
20	ヘブライ人への手紙	ヘ　ブ	1〜7				
21			8〜13				

I　旧約聖書 － 歴史書

目　　　次

※　聖書からの引用は日本聖書協会『聖書・新共同訳』（1987年版）による。

聖　　　　　書

1　聖書の内容をひとことで言えば、神からのメッセージ（啓示）と言うことができる。聖書は、イスラエルの民が長い歴史を通して体験してきたことに基づいて書かれ、キリスト教会に受け継がれてきた。

それゆえ、聖書は、まず何よりも信仰の書である。

2　聖書は一巻の絵巻物のようである。その冒頭には宇宙の始まりが描かれ、黙示録という最後の一書で宇宙の完成（終末）が示されて終わる。

3　聖書は神と人との関係について述べる。神は全世界の創造と全人類の救いの計画を進めるにあたり、イスラエルを選んでご自分の民とし、重大な使命を与えた。

2000年にわたるイスラエルの歴史を通して、神はイスラエルの民にどのように語りかけ、何をなさったか、またイスラエルの民は、その神にどのように答えたかが聖書に記されている。

4　聖書のなかで述べられている啓示は、少しずつ発展し、人となった神のみことばであるイエス・キリストによって完成する。旧約聖書の初めから新約聖書の終わりまで、聖書全体は人々を徐々にキリストへ、更にキリストを通して神ご自身へと導いていく。聖書はイスラエルだけに向けられたメッセージではなく、全世界、全人類へのメッセージとなっている。すなわち聖書をひもとくわたしに、今日語られる神の呼びかけである。

聖書とイスラエルの歴史

キリスト誕生前 　　　紀元前1850年頃	アブラハム	イスラエル民族は、メソポタミア付近に住んでいたアブラハムという人から起こる。「…父の家を離れて　わたしが示す地に行きなさい」との神の呼び声に応じて、アブラハムは一族を伴い、西の方に移動し、カナン（パレスチナ）に住んだ。 遊牧の民となったアブラハムの子孫は、その後、ヤコブとヨセフの時代になって大飢饉にみまわれたので、カナンを出てエジプトの地に移り住み、約400年間エジプトにとどまった。
1250年頃	モ　ー　セ 過　　越	エジプトの王が代わり、新しい王の圧政のもとで苦しい生活を強いられる。 そのとき、イスラエルの中からモーセが立ち、イスラエルの民をエジプトから導き出す。彼らは、シナイ半島を通り、主なる神が約束するカナンの地に向かう。その間に、徐々に組織化されていく。
1200年頃	カナンの征服	カナンに着いたイスラエル民族は、そこで先住民と共存して住むが、次第に繁栄し、王国を築く。
1000年頃	王　制　時　代 サ　　ウ　　ル ダ　ビ　デ ソ　ロ　モ　ン	イスラエル王国は、ダビデ王と、その子ソロモン王の時代に最盛期を迎える。
935年頃		イスラエルは、この頃、南と北に分かれる。 南はエルサレムを中心にユダ王国、北はサマリアを中心にイスラエル王国ともエフライムともいわれ、北はアッシリアとバビロンという大国からの、南は隣接する強国エジプトからの脅威を受けて、どちらも不安な社会状況にあった。

722年		北のイスラエル王国は、ついにアッシリアに攻められて滅亡する。
587年		南のユダ王国は、バビロン帝国に占領される。
587年 〜 537年	バビロン捕囚	ユダ王国の大部分の人々は捕虜としてバビロンに連れて行かれる。
538年	キュロスの勅令	ペルシア王キュロスが即位し、全国に布告を発する。それは神殿をユダにあるエルサレムに建立するため、ユダヤ人をエルサレムに上らせることであった。こうして、民のパレスチナへの帰国が始まる。
333年	ギリシアの支配	アレキサンドロス大王は中東アジアを統一する。
63年	ローマ帝国の統一	パレスチナへ帰国した後も、イスラエル民族は依然、ペルシア、ギリシア、ローマなどの大国の属国民としてその支配下にあった。こうした情況のもとでキリストは誕生する。
4年頃	キリストの誕生	ユダの地ベツレヘムでイエス・キリストは生まれる。

キリスト誕生後

紀元30年	キリストの受難と復活	教会の誕生。
50年		ペトロは使徒たちの指導者としてエルサレムで使徒会議を開く。 ペトロは64年（67年?）ローマで殉教する。
70年		ローマ帝国の軍隊によってエルサレムは焼き打ちにされる。 この頃からキリスト者は各地に離散し、各地にイエス・キリストの福音が伝えられる。

135年		エルサレムは完全に崩壊滅亡し、残っていたイスラエル民族は離散する。 このとき、キリストの十字架の立てられた場所と葬られた墓は完全に埋められ、ローマ人の神々の像が建てられた。
320年		ローマ帝国のキリスト教迫害が終わり、エルサレムに教会が建てられた。

旧　約　聖　書

| 序 | 聖書は、旧約聖書と新約聖書の二つに大別される。 |

旧約、新約の「約」は、契約を意味している。

契約には、二者を結び固める何らかのしるしと、互いに守るべきことがある。

旧約は、モーセを通して、神がイスラエル民族と結んだ契約である。

新約は、イエス・キリストを通して、神が全人類と結んだ新しい契約である。

旧約聖書　旧約聖書として伝えられている書物は、長い歴史の推移の間に、少しずつ完成したものであるが、キリスト以前に、すでにまとめられていた。

旧約聖書は、その内容や文学的表現様式から、次の三つに区分される。

1　歴史書

成立時期　歴史書のほとんどは、紀元前400年頃に現在のかたちになった。

内　容　口伝に基づくイスラエル民族の起源、そのイスラエルがエジプトから救い出された後のカナン地方までの移動、更にエルサレムを中心にした王国の繁栄と滅亡までの様々な出来事が述べられている。その中で重要なのは、神がモーセを通してイスラエル民族と結んだ契約について述べているモーセの五書である。

なお、これらの書物の伝えられた過程には、大きな四つの流れがあり、これを伝承という。（92ページの伝承を参照）

2　預言書

成立時期　預言者が活躍するのは、イスラエル民族が王国を築いて繁栄した時代から、バビロン捕囚を経て、帰国後に神殿が再建される頃までである。

預言書は、最初の記述預言者といわれるアモスが活躍した紀元前760年頃から、預言者自身、あるいは預言者の弟子といわれる人たちによって書かれた。

内　容　預言書には、神から選ばれた預言者が、その時代の人々に伝えた神の言葉や社会状況、預言者の活躍などが記されている。

3　教訓書（諸書）

成立時期　ほとんどの書物は、バビロン捕囚後に書きまとめられた。

内　容　イスラエル民族が体験したこと、また、生活のなかで具体的に律法に従い、神の前で生きる生き方について述べられている。

創　世　記

【創世記について】

大　　　要	聖書は、この創世記という書で始まる。「創世」という言葉どおり、本書は宇宙や人類の起源について語るが、歴史書や科学書ではなく、宗教書である。すなわち、創造主なる神の計画とその計画に従い得ない人間について、また、神の救いの計画の担い手として神が選ばれた民、イスラエルの起源とその太祖たちについて語る。原文では「はじめに」と題されている。
成 立 時 期	本書が書かれたのは、イスラエル民族がバビロンで捕囚になっていた頃か、その直後で、自分たちが経験したことや伝えられてきたいくつかの伝承や口伝を、イスラエルの中の祭司や律法学者と呼ばれる人たちが整理して書いたと思われる。（92ページの伝承を参照）
区　　　分	創世記は大きく2部に分けられる。
第 一 部	1章～11章　天地創造の物語
第 二 部	12章～50章　イスラエルの起源と太祖たち
第 一 部	1章～11章　天地創造の物語
1	宇宙と人間の創造の物語であり、最初から神に背き、神と対立する人間を、救おうとする神の計画が語られている。天地創造の二つの物語などの材料としては、中近東のメソポタミアなど近隣諸国に伝わる伝説と相通じるものが多い。しかし、考え方は他民族とは異なり、神の民イスラエルの宗教的考え方に従い、昔も今も時を超えて、唯一の聖なる神が人間を含めた万物を創造し、創造したすべてのものを支配していることが述べられる。従ってわたしたちは、その物語性にとらわれることなく、神が人間に語りかけ指し示す道は何かを読み取ることが大切である。
2	参考　詩　編　　　104　宇宙万物を造られた神は偉大 　　　　　　　　　　148　万物は主をほめたたえる 　　　　　　　　　　　8　神は造られたものを人に治めさせる 　　　ヨブ記38章～39章　すべてを支配する神の偉大さ 　　　ヨハネ福音1章1～18節　初めに言葉があった

【主 要 点】

重 要 事 項	創世記		聖 書 の こ と ば
○ 宇宙と人間の創造	1	1	初めに、神は天地を創造された。地は混沌であって、闇が深淵の面にあり、神の霊が水の面を動いていた。
万物は神の言葉によって造られた		3	神が「光あれ」と言われた。こうして、光があった。
神は造られたすべてのものを良しとされた			神はこれを見て、良しとされた。
人間は神の似姿として造られた		27	神はご自分にかたどって人を創造され、男と女に創造された。
神の支配にあずかる人間		28	神は彼らを祝福して言われた。「産めよ、増えよ、地に満ちて地を従わせよ。」
安息日は神との出会いの日	2	3	この日に神はすべての創造の仕事を離れ、安息なさったので、第七の日を神は祝福し、聖別された。
○ アダムとエバ		7	主なる神は、土の塵で人を形づくり、その鼻に命の息を吹き入れられた。人はこうして生きる者となった。
神と共に住むエデンの園		8	主なる神は、東の方のエデンに園を設け、自ら形づくった人をそこに置かれた。
労働は人間の使命の一つ		15	主なる神は人を連れて来て、エデンの園に住まわせ、人がそこを耕し、守るようにされた。
人間は神の支配の下にある		17	「善悪の知識の木からは、決して食べてはならない。食べると必ず死んでしまう。」
男女は互いに助け合うもの		18	「人が独りでいるのは良くない。彼に合う助ける者を造ろう。」
人は万物の霊長		19	人がそれぞれの生き物に付けた名は、そのまますべて、生き物の名となった。
両性の本質的平等		22	主なる神は、人から抜き取ったあばら骨で女を造り上げられた。
婚姻の祝福		24	男は父母を離れて女と結ばれ、二人は一体となる。
調和の状態		25	人と妻は二人とも裸であったが、恥ずかしがりはしなかった。
○ 人間の罪（誘惑と堕落）	3	5	「それを食べると、目が開け、神のように善悪を知るものとなることを神はご存じなのだ。」
		6	女は実を取って食べ、一緒にいた男にも渡したので、彼も食べた。（ロマ5／12-19 参照）
救いの希望が与えられる		14-15	主なる神は、蛇に向かって言われた。「このようなことをしたお前は、呪われるものとなった。お前と女、お前の子孫と女の子孫の間にわたしは敵意を置く。彼はお前の頭を砕きお前は彼のかかとを砕く。」
罪の罰 　女は		16	「お前は、苦しんで子を産む。お前は男を求め、彼はお前を支配する。」
男は		17	「お前は、生涯食べ物を得ようと苦しむ。」

重　要　事　項	創世記		聖　書　の　こ　と　ば
○ 罪の結果　（1）〜（8）			
人は死を逃れることはない（1）		21-23	主なる神は「人は手を伸ばして命の木からも取って食べ、永遠に生きる者となるおそれがある」と言われ、彼をエデンの園から追い出した。
人はだれでも誘惑に遭遇する（2）	4	7	「罪は戸口で待ち伏せており、お前を求める。お前はそれを支配せねばならない。」
カインが弟のアベルを殺す（3）		10	「何ということをしたのか。お前の弟の血が土の中からわたしに向かって叫んでいる。」
暴力は際限なく広がる（4）		24	「カインのための復讐が七倍なら、レメクのためには七十七倍。」
○ 義人エノク	5	24	エノクは神と共に歩み、神が取られたのでいなくなった。
神から離れていく人間（5）	6	3	主は言われた。「わたしの霊は人の中に永遠にとどまるべきではない。人は肉にすぎないのだから。」
人間の堕落は自然界にも影響を及ぼす（6）		11-12	この地は神の前に堕落し、不法に満ちていた。すべて肉なる者はこの地で堕落の道を歩んでいた。
○ 義人ノアは洪水から救われる		22	ノアは、すべて神が命じられたとおりに果たした。
	7	17-23	洪水で、地上のものはすべて、ことごとく息絶えた。ノアと共に箱舟にいたものだけが残った。
悪に傾いている心（7）	8	21-22	「人が心に思うことは、幼いときから悪いのだ。」
○ ノアへの祝福	9	1, 7	「産めよ、増えよ、地に満ちよ。」
○ ノアと結ぶ契約		9-11	「わたしは、あなたたちと共にいるすべての生き物と契約を立てる。二度と洪水によって肉なるものがことごとく滅ぼされることはない。」
		13	「わたしは雲の中にわたしの虹を置く。これはわたしと大地の間に立てた契約のしるしとなる。」
		18	箱舟から出たノアの息子は、セム、ハム、ヤフェトであった。
○ バベルの塔	11		
人間の高慢（8）		4	「さあ、天まで届く塔のある町を建て、有名になろう。そして、全地に散らされることのないようにしよう。」
人間社会の混乱と分裂		9	バベルと呼ばれた。主がそこで全地の言葉を混乱（バラル）させ、主が彼らを全地に散らされたからである。
○ アブラハムの父テラ		27	テラにはアブラム、ナホル、ハランが生まれた。ハランにはロトが生まれた。アブラムの妻はサライ。

【創世記　第一部　1章〜11章の教え】

1　(1)　神はその言葉によって、無から秩序と調和のある万物を創造し、それに存在を与え続けている。神は万物の創造主であり、万物の存在以前に自ら存在している唯一の存在で、造られた世界とは全く区別される。創造された宇宙万物はすべて良いものであり、神の偉大さを現わしている。

　　(2)　神の言葉は光である。人はこの光に照らされ導かれて、宇宙全体の成り行き、人間の本来の姿、イスラエルの歴史、さらに神の言葉を伝える聖書全体を正しく見分け、神の望みに従って役立て利用する責任を委ねられている。

2　(1)　主なる神は、自分に似た者として人間を造られた。人間は働く者、地を従わせる者である。また、神のもとで安息に入るように招かれ、神と共にいつまでも生きる希望が始めから与えられている。

　　　　神の造られた宇宙は神殿のようであり、人は神殿に仕える祭司のように神を礼拝する。毎週第七日目はそのための安息日である。

　　(2)　神は人を男と女の両性に造り、祝福し、それぞれの能力を合わせることによって子孫に命を伝え、神の業に参与するように望まれた。男女は結婚によって一つになり、互いに満たし合う。

　　(3)　神からの祝福は、命を与え、繁栄するようにとの言葉であり、人から人への祝福は、しあわせを人に伝えようとする言葉である。

3　　　人間は神に似る者として造られているが、ちりから造られた弱いものである。悪魔に誘われた人間は、象徴的な善悪の知識の木の実を食べて、造られたものであるのに、神であるかのようにふるまい、神の言葉を無視して、神に背いて罪を犯し、神との親しさ、友情を失う。さらに命の木が象徴している命の源である神から切り離される。その結果、人間は絶え間なく神に反発を繰り返し、人間同志の争い、憎しみ、分裂などが生じる。肉体的苦しみを始め、精神的な悩みや病気を引き起こし、良心は汚れ、欲望のとりこになり、平和を失う。そして、社会的に弱い立場の人を圧迫し、人が人を奴隷として扱う社会構造をつくり出す。

4　　　神のあわれみと救いの約束

　　(1)　神は、罪を犯した人を見捨てることなくあわれみ、与えた使命を取り消すこともしない。神は人を救い、いつの日か女の子孫が悪に勝ち（3／15 参照）罪に

より断絶している神との不和の関係が必ず回復するという希望と約束を与える。

(2)　○ アベルの死は、罪なきキリストの死を前もって示している。

　　　神はカインにしるしを付ける。いつも神に立ち戻る可能性が残されている。

　　○ 人類が堕落した後も、先祖たちは長生きしたと伝えられるが、皆死んだ。しかし、神と共に歩み、神が取られたエノクは、救われる者の前表である。

　　○ ノアの大洪水の物語は、キリストによる救いを告げる。

　　　神はキリストによって永遠の契約を結ぶ。大洪水の時のように、洗礼の水によって悪は滅ぼされ、人類は新しくなる。

　　○ バベルの塔の物語では、神を認めず自分たちだけの社会をつくろうとした人間が同じ言葉を話していても、相通じることなく分裂していった。しかし、将来は聖霊降臨によって違う言葉を話す人たちが、一致してキリストを中心にした共同体になり、救いが実現する。

第　二　部　　12章〜50章　イスラエルの起源と太祖たち

　　　神は人類に語りかけ、救いの計画を徐々に実現していく。

　　　アブラハムにされた約束は子々孫々に及ぶ。

(1)　紀元前1850年頃、メソポタミアのウルという町に住んでいたアブラハムは、カナン地方へ移り住んだ。

　　　主なる神は、救いの計画を実現するために、アブラハムを選び、祝福し、使命を与える。

　　　アブラハムの受けた特別な祝福は、アブラハム、イサク、ヤコブから、その子孫へと受け継がれていく。

(2)　ヤコブがイスラエルという新しい名を受け、その子孫が一つの民となって成長していく。

(3)　ヨセフの物語では、ヤコブの一族がエジプトに移動し、かなりの年月滞在するようになり、その間に一つの大きな民族となるほど、神から祝福されたことが述べられている。

【主要点】

重要事項	創世記		聖書のことば
○ **アブラハムの召命** 祝福の基	12	1 - 3	「あなたは生まれ故郷、父の家を離れて、わたしが示す地に行きなさい。わたしはあなたを大いなる国民にし、あなたを祝福する。地上の氏族はすべて、あなたによって祝福に入る。」(22／18参照)
○ **いと高き神の祭司メルキゼデク**	14	18	サレムの王メルキゼデクも、パンとぶどう酒を持って来た。彼はアブラハムを祝福した。
		20	アブラハムはすべての物の十分の一を彼に贈った。
○ **アブラハムと結ぶ契約** アブラハムの信仰と義	15,17 15	5 - 6	「あなたの子孫は、天の星のように増える。」 アブラムは主を信じた。主はそれを彼の義と認められた。(ロマ4／3 参照)
		18	その日、主はアブラムと契約を結んで言われた。「あなたの子孫にこの土地を与える。エジプトの川から大河ユーフラテスに至るまで。」
	17	5	「あなたは、もはやアブラムではなく、アブラハムと名乗りなさい。あなたを多くの国民の父とするからである。」
神の名、エルシャダイ いと高き全能の神		1	「わたしは全能の神(エルシャダイ)である。あなたはわたしに従って歩み、全き者となりなさい。」
○ **割礼の制定**		10-11	あなたたちの男子はすべて、割礼を受ける。これが、わたしとあなたたちとの間の契約のしるしとなる。 (ロマ4／11 参照)
○ **ハガルとイシュマエル**	16	15	ハガルはアブラムとの間に男の子を産んだ。アブラムは、イシュマエルと名付けた。(ガラ4／21-31 参照)
○ **イサクの誕生の予告**	18	10	「わたしは来年の今ごろ、必ずここにまた来ますが、そのころには、あなたの妻のサラに男の子が生まれているでしょう。」
○ **アブラハムの執り成しの祈り**		16-32	「主よ、どうかお怒りにならずに、もう一度だけ言わせてください。もしかすると、十人しかいないかもしれません。」主は言われた。「その十人のためにわたしは滅ぼさない。」主はアブラハムと語り終えると、去って行かれた。

重 要 事 項	創世記		聖 書 の こ と ば
○ソドムの滅亡	19	24	主はソドムとゴモラの上に天から、主のもとから硫黄の火を降らせ、滅ぼした。
○約束の子イサクの誕生	21	2	彼女は身ごもり、年老いたアブラハムとの間に男の子を産んだ。
○アブラハムの信仰の試練	22	2	「あなたの息子、あなたの愛する独り子イサクを連れて、モリヤの地に行きなさい。わたしが命ずる山の一つに登り、彼を焼き尽くす献げ物としてささげなさい。」（ヘブ11／17 参照）
○アブラハムとサラの墓	23	19	アブラハムは、カナン地方のヘブロンにあるマムレの前のマクペラの畑の洞穴に妻のサラを葬った。
	25	10	アブラハムは妻サラと共に葬られた。
○イサクの妻リベカ	24	51	リベカはここにおります。主がお決めになったとおり、御主人の御子息の妻になさってください。
○イサクの子、エサウとヤコブの誕生	25	22-23	「二つの国民があなたの胎内に宿っており、兄が弟に仕えるようになる。」（ロマ9／11-13 参照）
		33-34	エサウは誓い、長子の権利をヤコブに譲ってしまった。こうしてエサウは、長子の権利を軽んじた。
○ヤコブは長子としての祝福を奪う	27	28-29	「どうか、神が、天の露と地の産み出す豊かなもの、穀物とぶどう酒を、お前に与えてくださるように。」
		36	「あのときはわたしの長子の権利を奪い、今度はわたしの祝福を奪ってしまった。」
○ベテルでのヤコブの夢	28	12-	先端が天まで達する階段が地に向かって伸びており、しかも、神の御使いたちがそれを上ったり下ったりしていた。主が傍らに立って言われた。「あなたが今横たわっているこの土地を、あなたとあなたの子孫に与える。あなたの子孫は大地の砂粒のように多くなり、地上の氏族はすべて、あなたとあなたの子孫によって祝福に入る。」
○神と組み打ちするヤコブ	32	25-26	何者かが夜明けまでヤコブと格闘した。ところが、その人はヤコブに勝てないとみて、ヤコブの腿の関節を打った。

重 要 事 項	創世記		聖 書 の こ と ば
○ ヤコブはイスラエルと呼ばれる		29	「お前の名はもうヤコブではなく、これからはイスラエルと呼ばれる。お前は神と人と闘って勝ったからだ。」
○ イスラエルの十二部族	35	22	ヤコブの息子は十二人であった。
○ ヨセフの夢	37	7	「わたしの束が起き上がり、まっすぐ立ったのです。すると、兄さんたちの束が周りに集まって来て、わたしの束にひれ伏しました。」
		9	「太陽と月と十一の星がわたしにひれ伏しているのです。」
○ 父から遣わされるヨセフ		14	「兄さんたちが元気でやっているか、羊の群れも無事か見届けて、様子を知らせてくれないか。」 父はヨセフをヘブロンの谷から送り出した。
○ **兄弟から売られたヨセフ**		28	ミディアン人の商人たちが通りかかって、ヨセフを穴から引き上げ、銀二十枚でイシュマエル人に売ったので、彼らはヨセフをエジプトに連れて行ってしまった。
○ 神が共におられた	39	2 -	主がヨセフと共におられたので、彼はうまく事を運んだ。主はヨセフのゆえにその家を祝福された。
○ 神の計らい	45	4 - 5	「わたしはあなたたちがエジプトへ売った弟のヨセフです。命を救うために、神がわたしをあなたたちより先にお遣わしになったのです。」
	50	20	「あなたがたはわたしに悪をたくらみましたが、神はそれを善に変え、多くの民の命を救うために、今日のようにしてくださったのです。」
○ ヤコブはエジプトに行く	46	3 -	「わたしは神、あなたの父の神である。エジプトに下ることを恐れてはならない。わたしはあなたをそこで大いなる国民にする。わたしがあなたと共にエジプトへ下り、わたしがあなたを必ず連れ戻す。」
○ 人を奴隷にする権力者	47	13-26	飢饉が極めて激しく、世界中に食糧がなくなった。エジプトの国でも、カナン地方でも、人々は飢饉のために苦しみあえいだ。「よいか、お前たちは今日、農地とともにファラオに買い取られたのだ。」

重　要　事　項	創世記		聖　書　の　こ　と　ば
○ ヤコブはヨセフの子マナセと 　エフライムを祝福する	48	5	「エジプトの国で生まれたお前の二人の息子をわた しの子供にしたい。エフライムとマナセは、ルベン やシメオンと同じように、わたしの子となる。」
○ **ヤコブがその子ら十二部族の 　将来を預言する** 　　ユダから出るメシアの預言	49	1	集まりなさい。わたしは後の日にお前たちに起こる ことを語っておきたい。
		10	王笏はユダから離れず、統治の杖は足の間から離れ ない。ついにシロが来て、諸国の民は彼に従う。 （シメオンとレビ、ルベンは退けられる。34／1-35 ／29参照）
○ ヤコブの埋葬	50	13	息子たちは、父のなきがらをカナンの土地に運び、 マクペラの畑の洞穴に葬った。

【創世記　第二部　12章〜50章の教え】

1　　救いの計画とアブラハムの選び

　　アブラハムとその子らに語りかける神の名は、いと高き全能の神（エルシャダ
　　イ）である。主（アドナイ）とも言われる。

　　神はアブラハムを選び、彼とその子孫に特別な導きと祝福を与える。

　　遠い将来、その子孫から生まれるキリストを通して全人類は救われる。

(1)　神からアブラハムへの三つの約束

　　○ アブラハムとその子孫に土地を与える。

　　　約束された土地で、神が民と共に住む。

　　　それは、将来キリストの告げる神の国を前もって示している。

　　○ 子孫を増やす。

　　　「あなたの子孫を天の星のように、海辺の砂のように増やそう。」（22／17）

　　　アブラハムの子孫は大きな民となるばかりか、将来は血肉の関係を越えた新
　　　しい神の民となって、キリストの教会へと発展する。

○ アブラハムを祝福の基とする。

「地上のすべての民は、アブラハムの子孫によって祝福を得る。」(22／18)

(2) 約束を受けたアブラハムとその子孫の答え。

○ 約束を信じて神に忠実に従い、神の前を歩む。

○ 割礼は、命の源である神のものとなった恵みのしるしである。

(3) 戦いに勝って帰ったアブラハムを祝福して、パンとぶどう酒をささげたサレムの王 "いと高き神の祭司" メルキゼデクは、永遠の大祭司キリストを前もって示している。

2　　アブラハム

(1) アダムが不従順によって人類全体に災いを引き入れたのとは反対に、アブラハムの信仰による従順は人類に祝福をもたらす。約束の地を示されたときも、約束の独り子イサクを求められたときも、アブラハムは信仰によって神の望みにこたえ、絶対的に従順であった。彼は信仰の父といわれる。

(2) アブラハムは主を信じ、主はそれを義とされた(15／6)。

アブラハムが義とされたとは、神のみこころにかなっている者、神のみ前に歩み、神のご計画を素直に受け入れる者として、神がそれを認め受け入れたという意味である。神を信じ、神の約束された国を目ざして人生の旅路を歩む神の民の姿を示している。

(3) 神はアブラハムの忍耐強い祈りを聞かれた。アブラハムはソドムの町の人々のために神に取り次ぎの祈りをしている。もし、少数でも正しい人がいるならば、神は他の多数の人への罰を思いとどまり、救ってくださる。

3　　イサク

(1) イサクは、アブラハムもサラも年老いていたのに、神の約束の言葉によって生まれた約束の子である(ガラ4／23, 28 参照)。

(2) イサクをささげるように、神から求められたアブラハムは、ささげ物を縛るようにイサクを縛って供え物にしている。これは、救い主キリストが、いけにえとして命をささげる姿を前もって示している。

4　　ヤコブ

(1) ヤコブは、父イサクを偽って長男への祝福を奪った。このように人間のうそや過ちを通しても、神は計画を実現される。

	(2)	ヤコブは神への信仰を一生涯の体験に基づいて確かなものとしていく。
	(3)	ヤコブの見た天まで達する階段の夢で、父祖アブラハム、イサクの神はヤコブを祝福し、アブラハムへの約束をヤコブにも確認された。また、天まで達する階段は、神の超越性と同時に、神が祝福した者の身近かにあって守ることも示している。 遠い将来、神の民の中に入り天と地を結ぶ、来るべきキリストのことも告げられている。（ヨハ1／51参照）
	(4)	ヤコブは神と組み打ちした。このとき新しい名前を与えられ、「イスラエルと呼ばれる」（32／29）ようになり、以後聖書で「イスラエル」と「ヤコブ」は同一視されている。 その子孫も、ヤコブと同様に頑固で、神の計画に反発し、代々ヤコブのように神と組み打ちしながらも、神の恵みを受け続ける。
5		ヨセフ 父から兄弟たちのところに遣わされ、兄弟たちから裏切られ、奴隷に売られ、奴隷になったことによって皆を救ったヨセフは、キリストの前表である。
6		聖書の中で使われる "イスラエル" には、いくつかの意味がある。
	(1)	ヤコブの個人の名前として使われる。
	(2)	ヤコブの子孫十二部族全体を指して使われる。
	(3)	南北分裂後の北王国の名前である。
	(4)	メシアであるキリストが、十二使徒によって集める新しい神の民を指している。なお、西暦1948年から "イスラエル" は一国名となる。
7		創世記全体を通して、神は悪からさえも善を引き出し、悪を善に変えて、救いの計画を推し進めていかれることを教えている。

《復習として考える問題》

○ 次の人物のなかから、自分の姿を見いだすことができますか。

　アダム、アブラハム、ヤコブ。

○ アダム、ノア、アブラハム、イサク、ヤコブ、ヨセフから、救い主キリストの姿を見いだすことができますか。

出エジプト記

【出エジプト記について】

大　　要	エジプト人の圧迫と束縛に苦しんでいたイスラエル民族を、神はエジプトから連れ出して救い、自分の民として育て導いていく。
1	エジプトに住み着いたイスラエルの人々は、エジプト人が恐れるほどに増加し、大きな民となっていた。エジプトの新しい王がイスラエル人を圧迫し始める。
	神から使命を受けたモーセは、イスラエル人を引き連れてエジプトから脱出し、シナイ半島を通り、アブラハム以来の約束の地パレスチナへ向かう。
	エジプトからの脱出は、紀元前1250年頃の出来事と思われている。
2	主なる神は、シナイ山でイスラエルの民と契約を結び、イスラエルを神に仕える民、神の民とする。
(1)	契約。
	○ 神は、イスラエル民族を自分が選んだ民として保護し、繁栄させる。
	○ 民は、主なる神を自分たちの神として認め、受け入れ、唯一の神として礼拝する。
	特に、神から与えられた十戒は、神の民の生活規範となる。
(2)	イスラエル人は、神から選ばれて聖なる民とされ、唯一の神に従って生きる者として、他の民族に神を証する特別の使命を与えられる。
(3)	これらの出来事を記念して、イスラエル民族は毎年、春になると過越祭を祝う。
3	本書は、イスラエル民族の体験記である。
	客観的記述とは言えないにしても、イスラエル民族の歴史、ユダヤ教、キリスト教を理解する上には欠かせない記録となっている。
内容と区分	
1	1章〜18章　　イスラエル民族のエジプト脱出と荒れ野への旅。
	神は、イスラエルを奴隷の家から一方的に救い出す。
	燃え尽きない柴を見せてモーセを呼び、民を救い出すための指導者として選び、使命を与え、派遣する。
	モーセは神の言葉を民に伝えるが、民もファラオも反抗的な態度を取る。
	主の命じる過越の小羊をいけにえにささげ、海を渡り、約束の国へと旅立つ。

2	19章～23章　　神はシナイ山で、モーセを通してイスラエルに契約を提案する。
	もし神の声に聞き従い、神との契約を守るならば、イスラエルは祭司の王国、
	聖なる国民となる。
	神の民となるイスラエルの生き方を示す十の言葉と細かい規定が与えられる。

3	24章～31章　　主なる神と契約を結ぶ。
	「主が語られた言葉をすべて行います」と民は答える。
	モーセはいけにえをささげ、そのいけにえの血を祭壇に振りかけ、また民にも
	振りかけて、契約を結ぶ。
	神は、民と共にいるしるしとして、神の住まい（幕屋）を造るように指示する。

4	32章～40章　　民と共に歩む神は、ゆるす神でもある。
	民は金の牛を造って神の像とするが、モーセはその民のために、神のゆるしを
	求めて祈る。
	神は、あわれみ深く恵みに富む神、忍耐強く、慈しみとまことに満ち、幾千代
	にも及ぶ慈しみを守り、罪と背きと過ちをゆるす。
	神と語ったモーセの顔は光を放つ。
	完成した幕屋を雲が覆い、主の栄光に満たされる。

【主　要　点】

重　要　事　項	出エジプト		聖　書　の　こ　と　ば
○エジプトにいたイスラエル	1	7-8	イスラエルの人々は子を産み、おびただしく数を増し、ますます強くなって国中に溢れた。
			そのころ、ヨセフを知らない新しい王が出てエジプトを支配した。
○**奴隷状態のイスラエル**		12-14	虐待されればされるほど彼らは増え広がったので、エジプト人はますますイスラエルの人々を嫌悪し、あらゆる重労働によって彼らの生活を脅かした。

重　要　事　項	出エジプト		聖　書　の　こ　と　ば
○ イスラエル人の全滅策		22	ファラオは命じた。「(ヘブライ人から) 生まれた男の子は、一人残らずナイル川にほうり込め。」
○ 水から救われたモーセ	2	10	その子は王女の子となった。王女は、モーセと名付けて言った。「水の中からわたしが引き上げた (マーシャー) のですから。」
		11	モーセが成人したころのこと、同胞のところへ出て行き、彼らが重労働に服しているのを見た。
○ 神は民の嘆きを聞かれた		23	労働のゆえに助けを求める彼ら (イスラエル) の叫び声は神に届いた。
○ 燃えるしば	3	2	柴は火に燃えているのに、柴は燃え尽きない。
○ 救出の計画		7	「わたしは、エジプトにいるわたしの民の苦しみをつぶさに見た。」
○ モーセの使命		10	「今、行きなさい。わたしはあなたをファラオのもとに遣わす。わが民イスラエルの人々をエジプトから連れ出すのだ。」
○ あなたと共にいる		12	「わたしは必ずあなたと共にいる。このことこそ、あなたを遣わすしるしである。あなたが民をエジプトから導き出したとき、あなたたちはこの山で神に仕える。」
○ 神の名の啓示 モーセを遣わす		14	「わたしはあるという者だ。『わたしはある』という方がわたしをあなたたちに遣わされたのだと」イスラエルの人々に言うがよい。
○ モーセはエジプトに帰る	4	19-20	「さあ、エジプトに帰るがよい、あなたの命をねらっていた者は皆、死んでしまった。」モーセは、妻子をろばに乗せ、手には神の杖を携えて、エジプトの国を指して帰って行った。
○ 救いの訪れ		22-23	「あなたはファラオに言うがよい。主はこう言われた。『イスラエルはわたしの子、わたしの長子である。わたしの子を去らせてわたしに仕えさせよと命じたのに、お前はそれを断った。それゆえ、わたしはお前の子、お前の長子を殺すであろう』と。」
		29-31	モーセはアロンを伴って出かけ、イスラエルの人々の長老を全員集めた。アロンは主がモーセに語られた言葉をことごとく語り、民の面前でしるしを行ったので、民は信じた。また、主が親しくイスラエルの人々を顧み、彼らの苦しみをご覧になったということを聞き、ひれ伏して礼拝した。

重　要　事　項	出エジプト		聖　書　の　こ　と　ば
○ ファラオの反対	5	2	「主とは一体何者なのか。わたしは知らない。」
○ モーセの使命 （もう一つの伝承6／2-7／7）	6	2 -	「わたしは主である。わたしは、アブラハム、イサク、ヤコブに全能の神として現れたが、主というわたしの名を知らせなかった。」 「わたしはエジプトの重労働の下からあなたたちを導き出し、奴隷の身分から救い出す。そして、わたしはあなたたちをわたしの民とし、わたしはあなたたちの神となる。」
○ 主がエジプトの神々を裁く 　十の災害	7	3 - 5	「わたしはファラオの心をかたくなにするので、わたしがエジプトの国でしるしや奇跡を繰り返したとしても、ファラオはあなたたちの言うことを聞かない。わたしがエジプトに対して手を伸ばし、イスラエルの人々をその中から導き出すとき、エジプト人は、わたしが主であることを知るようになる。」
	8	19	「わたしは、わたしの民をあなたの民から区別して贖う。」
	9	6	エジプト人の家畜はすべて死んだが、イスラエルの人々の家畜は一頭も死ななかった。
○ ファラオの態度	10	3	モーセとアロンはファラオに言った。「いつまで、わたし（主）の前に身を低くするのを拒むのか。」
		20	主がファラオの心をかたくなにされたので、ファラオはイスラエルの人々を去らせなかった。
○ 主はエジプトを横切る	11	4	主はこう言われた。「真夜中ごろ、わたしはエジプトの中を進む。」
○ 過越の小羊	12	5 , 7	「その小羊は、傷のない一歳の雄で、羊でも山羊でもよい。イスラエルの共同体は夕暮れにそれを屠り、その血を取って、小羊を食べる家の入り口の二本の柱と鴨居に塗る。」
		12	その夜、エジプトのすべての神々に裁きを行う。
		13-14	「血を見たならば、わたしはあなたたちを過ぎ越す。この日は、あなたたちにとって記念すべき日となり、代々にわたって祝わねばならない。」（ヨハ1／36,黙5／6 参照）

重　要　事　項	出エジプト		聖　書　の　こ　と　ば
○ 種なしパンの祭り		17	「あなたたちは除酵祭を守らねばならない。なぜなら、この日に、わたしはあなたたちをエジプトの国から導き出したからである。」
○ 初子の死		29	真夜中になって、主はエジプトの国ですべての初子を撃たれた。
		42	主は、彼らをエジプトの国から導き出すために寝ずの番をされた。それゆえ、イスラエルの人々は代々にわたって、この夜、主のために寝ずの番をするのである。
○ わたしもいた	13	14	「将来、あなたの子供が、『これにはどういう意味があるのですか』と尋ねたときは、こう答えなさい。『主は、力強い御手をもって我々を奴隷の家、エジプトから導き出された。』」
○ 脱出の夜		21	主は彼らに先立って進み、昼は雲の柱をもって導き、夜は火の柱をもって彼らを照らされた。
○ 紅海を渡る	14	13-14	「今日、あなたたちのために行われる主の救いを見なさい。主があなたたちのために戦われる。」
		21-22	モーセが手を海に向かって差し伸べると、主は夜もすがら激しい東風をもって海を押し返されたので、海は乾いた地に変わり、水は分かれた。イスラエルの人々は海の中の乾いた所を進んだ。」
○ 敵を滅ぼすのは主		27-	夜が明ける前に海は元の場所へ流れ返った。エジプト軍は水の流れに逆らって逃げたが、主は彼らを海の中に投げ込まれた。ファラオの全軍は、一人も残らなかった。主はこうして、その日、イスラエルをエジプト人の手から救われた。イスラエルは、主がイスラエル人に行われた大いなる御業を見た。民は主を畏れ、主とその僕モーセを信じた。
○ 勝利の歌	15	2	主はわたしの力、わたしの歌、主はわたしの救いとなってくださった。この方こそわたしの神。わたしは彼をたたえる。
		11	主よ、神々の中に、あなたのような方が誰かあるでしょうか。
		18	主は代々限りなく統べ治められる。

重 要 事 項	出エジプト		聖 書 の こ と ば
○ **荒れ野のつぶやき**			
マナとうずら	16	3 -	イスラエルの共同体全体は不平を述べ立てた。「我々はエジプトの国で、主の手にかかって、死んだ方がましだった。あのときは肉のたくさん入った鍋の前に座り、パンを腹いっぱい食べられたのに。あなたたちは我々をこの荒れ野に連れ出して、飢え死にさせようとしている。」（ヨハ6／30-59 参照）
		12	「あなたたちは夕暮れには肉を食べ、朝にはパンを食べて満腹する。あなたたちはこうして、わたしがあなたたちの神、主であることを知るようになる。」
岩からの水	17	2 - 7	民がモーセと争い、「我々に飲み水を与えよ」と言った。その場所をマサ（試し）とメリバ（争い）と名付けた。イスラエルの人々が、「果たして、主は我々の間におられるのかどうか」と言って、モーセと争い、主を試したからである。
○ アマレクの妨害		11	モーセが手を上げている間、イスラエルは優勢になり、手を下ろすと、アマレクが優勢になった。
○ 民の中の組織づくり	18	25	モーセは有能な人々を選び、彼らを民の長とした。
○ **シナイにおける契約**			
聖なる民イスラエル	19	5 - 6	「今、もしわたしの声に聞き従い、わたしの契約を守るならば、あなたたちはすべての民の間にあって、わたしの宝となる。あなたたちは、わたしにとって、祭司の王国、聖なる国民となる。」
宣言		7 - 8	モーセは戻って、民の長老たちを呼び集め、主が命じられた言葉をすべて彼らの前で語った。民は皆、一斉に答えて、「わたしたちは、主が語られたことをすべて、行います」と言った。モーセは民の言葉を主に取り次いだ。
主の出現		18-19	シナイ山は全山煙に包まれた。主が火の中を山の上に降られたからである。モーセが語りかけると、神は雷鳴をもって答えられた。
○ **神の民の生活原理**			
十戒	20	2	「わたしは主、あなたの神、あなたをエジプトの国、奴隷の家から導き出した神である。
		3 - 4	あなたには、わたしをおいてほかに神があってはならない。あなたはいかなる像も造ってはならない。
		7	あなたの神、主の名をみだりに唱えてはならない。
		8	安息日を心に留め、これを聖別せよ。

重　要　事　項	出エジプト		聖　書　の　こ　と　ば
		12	あなたの父母を敬え。
		13	殺してはならない。
		14	姦淫してはならない。
		15	盗んではならない。
		16	隣人に関して偽証してはならない。
		17	隣人の家を欲してはならない。隣人の妻、男女の奴隷、牛、ろばなど隣人のものを一切欲してはならない。」
種々の規定	21	24-25	目には目、歯には歯、手には手、足には足、やけどにはやけど、生傷には生傷、打ち傷には打ち傷をもって償わねばならない。
	22	20	寄留者を虐待したり、圧迫したりしてはならない。あなたたちはエジプトの国で寄留者であったからである。
		25	隣人の上着を質にとる場合には、日没までに返さねばならない。
		28	あなたの豊かな収穫とぶどう酒の奉献を遅らせてはならない。あなたの初子をわたしにささげねばならない。
	23	1	あなたは根拠のないうわさを流してはならない。
		2	あなたは多数者に追随して、悪を行ってはならない。
		8	あなたは賄賂を取ってはならない。賄賂は、目のあいている者の目を見えなくし、正しい人の言い分をゆがめるからである。
		11	七年目には、（土地を）休ませて、休閑地とし、民の乏しい者が食べ、残りを野の獣に食べさせるがよい。
		12	六日の間、あなたの仕事を行い、七日目には、仕事をやめねばならない。
		17	年に三度、男子はすべて、主なる神の御前に出ねばならない。
○契約を結ぶ	24	6-8	モーセは血の半分を取って祭壇に振りかけた。次に契約の書を取り、民に読んで聞かせた。彼らが、「わたしたちは主が語られたことをすべて行い、守ります」と言うと、モーセは血を取り、民に振りかけて言った。「見よ、これは主がこれらの言葉に基づいてあなたたちと結ばれた契約の血である。」
		9-11	モーセとアロンは七十人の長老と一緒に登って行った。彼らがイスラエルの神を見ると、その御足の下にはサファイアの敷石のような物があり、それはま

重要事項	出エジプト		聖書のことば
			さに大空のように澄んでいた。彼らは神を見て、食べ、また飲んだ。
○ 神の住まい、幕屋の準備	25	1-2	主はモーセに仰せになった。イスラエルの人々に命じて、わたしのもとに献納物を持って来させなさい。
		8	わたしのための聖なる所を彼らに造らせなさい。わたしは彼らの中に住むであろう。
		9	わたしが示す作り方に正しく従って、幕屋とそのすべての祭具を作りなさい。
		22	わたしは、贖いの座の上からあなたに臨み、わたしがイスラエルの人々に命じることをことごとくあなたに語る。
○ 祭司職	29	1	わたしに仕える祭司として、彼らを聖別するためにすべき儀式は、次のとおりである。
		4	アロンとその子らを臨在の幕屋の入り口に進ませ、彼らを水で清める。
		5	次いで、式服一そろいを取り、アロンに着せる。
		7	次いで、聖別の油を取り、彼の頭に注ぎかけて、聖別する。
○ 命の身代金	30	15	あなたたちの命を贖うために主への献納物として支払う銀は半シェケルである。豊かな者がそれ以上支払うことも、貧しい者がそれ以下支払うことも禁じる。
○ 安息日は解放のしるし	31	13	あなたたちは、わたしの安息日を守らねばならない。それは、代々にわたってわたしとあなたたちとの間のしるしであり、わたしがあなたたちを聖別する主であることを知るためのものである。
○ 契約の二枚の板		18	主はシナイ山でモーセと語り終えられたとき、二枚の掟の板、すなわち、神の指で記された石の板をモーセにお授けになった。
○ 金の雄牛	32	4	アロンは（民から金を）受け取ると、のみで型を作り、若い雄牛の鋳像を造った。（人々は）「イスラエルよ、これこそあなたをエジプトの国から導き上ったあなたの神々だ」と言った。
○ モーセの怒り		19	モーセは激しく怒って、手に持っていた板を投げつけ、山のふもとで砕いた。

重　要　事　項	出エジプト		聖　書　の　こ　と　ば
○ レビ人の忠誠		26	「だれでも主につく者は、わたしのもとに集まれ」と言うと、レビの子らが全員彼のもとに集まった。
○ モーセの取り次ぎ		31	モーセは主のもとに戻って言った。「ああ、この民は大きな罪を犯し、金の神を造りました。今、もしもあなたが彼らの罪をお赦しくださるのであれば……。もし、それがかなわなければ、どうかこのわたしをあなたが書き記された書の中から消し去ってください。」
○ 主と語るモーセ	33	11	主は人がその友と語るように、顔と顔を合わせてモーセに語られた。
○ モーセはしるしを求める		16	「一体何によって、わたしとあなたの民に御好意を示してくださることが分かるでしょうか。あなたがわたしたちと共に行ってくださることによってではありませんか。」
		18	「どうか、あなたの栄光をお示しください」
○ 主はゆるす神	34	6 - 9	主は宣言された。「主、憐れみ深く恵みに富む神、忍耐強く、慈しみとまことに満ち、罪と背きと過ちを赦す。」モーセは急いで地にひれ伏して言った。「主よ、もし御好意を示してくださいますならば、主よ、わたしたちの中にあって進んでください。確かにかたくなな民ですが、わたしたちの罪と過ちを赦し、わたしたちをあなたの嗣業として受け入れてください。」
○ 破られた契約を再び結ぶ		10	主は言われた。「見よ、わたしは契約を結ぶ。わたしはあなたの民すべての前で驚くべき業を行う。それは全地のいかなる民にもいまだかつてなされたことのない業である。あなたと共にいるこの民は皆、主の業を見るであろう。」
		11	「わたしが、今日命じることを守りなさい。」
○ モーセの顔の輝き		29	モーセがシナイ山から下ったとき、その手には二枚の掟の板があった。モーセは、山から下ったとき、神と語っている間に、自分の顔の肌が光を放っているのを知らなかった。（Ⅱコリ３／7-8, 18 参照）。
○ 神の住まいを造る民	35	5	「あなたたちの持ち物のうちから、主のもとに献納物を持って来なさい。すべて進んで心からささげようとする者は、それを主への献納物として携えなさい。」（Ⅰコリ12／1-31 参照）

重　要　事　項	出エジプト	聖　書　の　こ　と　ば
○ 神の霊に満たされた技術者	31	神の霊を（彼らに）満たし、どのような工芸にも知恵と英知と知識を持たせた。
	35	知恵の心を満たして、あらゆる種類の工芸に従事する者とし、意匠を考案する者とされた。
○ 神の住まいの完成	39　32	幕屋、つまり臨在の幕屋の作業はすべて完了した。イスラエルの人々は主がモーセに命じられたとおり、すべてそのとおり行った。
○ **主の栄光が幕屋を満たす**	40　34	雲は臨在の幕屋を覆い、主の栄光が幕屋に満ちた。
	35	モーセは臨在の幕屋に入ることができなかった。雲がその上にとどまり、主の栄光が幕屋に満ちていたからである。

【出エジプト記の教え】

1　　　イスラエルのエジプト脱出の体験

　　神に呼ばれ、神に従ったアブラハムの子孫イスラエルの民は、エジプトから救い出されるという、人間の力をはるかに超えた不思議な出来事を体験した。

(1)　この体験は、先祖たちが出会った神に、自分たちもまた出会う体験であった。民はシナイ山で契約を結んだとき、「わたしたちは、主が語られた言葉をすべて行います」（24／3）と、声を一つにして答えている。

　　これは、主に選ばれたアブラハムと同様に、「わたしたち子孫も従います」という意思表示ということができる。

(2)　神とのこの不思議な出会いは、イスラエル民族にとって非常に重要な出来事であった。この出来事を毎年、代々にわたって繰り返し祝っている間に、自分たちが神に選ばれた民族であることを強く意識し、自覚していく。

○ 主なる神はイスラエルの民の神となり、イスラエルは主なる神の民となる。

○ イスラエルの民は、主なる神を唯一の神として礼拝し、神の言葉に忠実に従い、一切の偶像を捨てるように求められている。

○ 神の聖なる民となったイスラエルは、人類と神との間を取り次ぐ役目を担う。

○ イスラエルの民は、人々が主なる神を見分けることができるように証する民として、諸国民の間に立てられ、主の不思議な業を語り伝えると同時に、孤児、寡婦、寄留の外国人への心づかいなど（22／21-22）、神が望む人間らしい社会を建設することをも求められている。

(3) 奴隷の身だったイスラエルの民のエジプトからの脱出と、それに続く一連の出来事そのものを "主の日の訪れ" とみるならば、それはキリストによる救いの前表である。その意味で本書は、旧約聖書のなかで "救いの福音" と言える。しかし、すべてにおいて事をなさるのは主なる神であり、イスラエルはその神に従う者である。

2 イスラエルの民は、"主なる神" が共にいることを体験する。

(1) 民と共にいる神

YHWH ＝ EHYE ASHER EHYE ＝ わたしはあるという者だ

〔英訳 I am who（what）I am〕

イスラエルをエジプトから導き出した主なる神は、その名のとおり、民の中に常に共にあることを示される。普通、イスラエルでは「アドナイ」（わたしの主）と呼んでいる。

(2) 奴隷状態から救い出す神。神は、人間の尊厳も失って奴隷となっているイスラエルの民を解放し、神に仕える自由な民とされた。その後も歴史を通して常に力強い腕で民を救い、自由の地へと導き出す。

(3) 虐げられた者の叫びを聞く神。主なる神は、民にとって光であり、岩（よりどころ）であり、頼る者はだれでも救われる。

(4) 人々と契約を結ぶ神。主なる神は、救い出した民と親しい関係を結び、民を自分の宝、所有の民として優遇する。

(5) 選んだ民のために戦い、保護してくださる神。神自身が民の前に立つ強い敵と戦われるので、イスラエルにはいつも不思議に道が与えられ、進んで行ける。

(6) あわれみ深く、民の過ちをゆるす神。イスラエルの民は、神を人の手で像や形にすることを禁じられていたのに、金の牛を造って罪を犯したが、モーセの取り次ぎによってゆるされる。モーセと民はゆるされたそのとき、神がどれほどあわれみ深いかを体験する。（32／1-34／35）

そして将来もこのあわれみ深い神を体験し続けていく。主は常に変わらない。

(7) 約束したことを必ず実行し果たす神。主がイスラエルをエジプトから導き出したことは、先祖たちへの約束を実行する一つの重要な出来事であり、その後も、各時代の人々に、主は約束を守り実行し続ける。

(8) 主なる神は、人々を見分け、裁き、懲らしめのための災害を通しても、神自身を啓示する。

(9) 神が民と共にいるしるしとして造られた幕屋。
○ 幕屋は神の住まいで、会見の場所である。
○ 幕屋の中に置かれた契約の箱は、神と民との契約を示す一つのしるしである。
○ 契約の民として、イスラエルは、安息日を守る。

3　エジプト脱出を記念する過越祭
本書のかぎは、イスラエルの民がエジプトから解放され、本当の神に仕える民になったことを思い起こす「過越祭」にある。
「あなたたちの子供が『この儀式にはどういう意味があるのですか』と尋ねるときは、」(12／26)「あなたはこの日、自分の子供に告げなければならない。『これは、わたしがエジプトから出たとき、主がわたしのために行われたことのゆえである』と。」(13／8)
イスラエル民族は、自分たちが繰り返し思い起こすエジプト脱出とその主要な出来事のなかに、主なる神の計画の意味を理解し、深め、解釈していった。

(1) モーセの時代
○ 当時、羊の群れを春分の日の頃に放牧に連れ出していた。出発前には放牧の安全を祈り、一頭の羊をほふって神々にささげ、また、ほふった羊の血をテントの杭や家の鴨居に塗り、その羊の肉を食べてから出発する習慣だった。
○ イスラエルの人々がモーセに導かれてエジプトを出たのも、ちょうど、その時期だった。

(2) モーセ以後の時代
○ イスラエルが奴隷の身分から救い出されて自由の民になったことを感謝し、救い出されたのは先祖たちだけではなく、自分たちも共に救い出されており、"イスラエルは救い出されている"という信仰をもって、いつまでも、代々にわたって過越祭を祝っている。
○ カナン地方に入ってからは、過越祭に春の麦の初穂の祝いも合わせた。
○ どちらの祭りにも、"古いものは腐るものだから断ち、新しくなって旅立つ"という考えが基礎にあり、家庭を中心に祝っていた。

○ ヨシヤ王の宗教改革後は、エルサレムの神殿で、過越の小羊をほふるべき除
　酵祭の七日間として盛大に祝っていた。しかし、神殿崩壊後は、再び家庭を
　中心に祝うようになった。

(3) イエス・キリストの受難、死去、復活も、この過越祭のときであった。

4 出エジプト記の告げる救い

エジプトで奴隷だったイスラエルの民が救い出され、自由の地へと解放された
ことは、罪の状態にある人類がキリストによって清められ、神と共に生きるよ
うに救い出され、守られ、永遠の命へ、闇から光へ、不死の世界へと過ぎ越し、
神に仕える神の民となることを表している。

(1) 奴隷だったイスラエルの姿は、罪の状態にある人間の姿を示している。

(2) 紅海を渡った出来事は、神の民の共同体に入るための洗礼を表している。

(3) 神に仕える民（教会共同体）は、今もイスラエルと同じように、主なる神をほ
めたたえ、神の偉大さを証する者として立てられ、人々の中に遣わされている。

(4) モーセがイスラエルの民を導いたように、キリストも神の民を導く。また、モー
セがシナイ山で結んだ契約は、キリストによる新しい契約の前表である。

(5) エジプトを出るときにほふられた羊は、羊のように血を流して命をささげたキ
リストを前もって表している。

(6) 荒れ野で与えられたマナは、神の民を養う "キリストの聖体" の前表である。

5 今のミサ聖祭は、過越祭と、イエス・キリストの受難と復活による過越の記念
であり、その再現であり、"救いの訪れ" を感謝する祭儀である。

(1) ミサの初めに、罪に縛られている者として、自分の惨めさを認め、神に叫びを
上げ、ゆるしと救いと慈しみを求めて、"主よ　あわれみたまえ" と祈る。

(2) 民の叫びにこたえる神からの救いの言葉を、聖書朗読によって聞く。
神の言葉は、昔も今も、キリストにおいて信じる者に救いを告げる。

(3) 救いの言葉と説教を聞いた人々は、自分たちも主に従う決意を "信仰宣言" に
よって表す。

(4) パンとぶどう酒を奉献して、自分の全生活を神にささげる。
今までにいただいた数々の恵みを神に感謝する。特に救い主イエス・キリスト
が与えられたことを、天の御父に感謝する。

(5) 聖別されるパンとぶどう酒において、神秘的にキリストの受難、死、埋葬、復
活、昇天が示される。わたしたちも共同体としてキリストと共に聖霊の働きに
よって聖別された者となり、御父へと引き上げられる。そして、"父よ" とキ
リストと共に祈ることができる。

(6) 聖別されて、キリストのからだ、キリストの血となったパンとぶどう酒を拝領する。"世の罪を取り除く神の小羊" は、食物としてパンの形でわたしたちに与えられ、それによって神の民の共同体は養われる。神の民としての互いの一致も固められ、神に仕える者となる。

　"主よ、あなたをおいて　だれのところに行きましょう"

(7) 終わりに、"主は、みなさんと共に" と呼びかけられ、祝福の言葉によって世に派遣される。ミサ聖祭によって、キリストによる救いがこの世の中に実現した今、神の民の共同体は、最善を尽くして神の望む社会を築き上げるために、各自の生活の場に派遣されている。神の民の共同体は、最終的な約束の国に向かって、主をほめたたえながら進んでいく。

(8) 主が再び来られるまで、この "信仰の神秘" が繰り返される。

　"マラナタ　主のみ国が来ますように"

6　神に出会ったイスラエルの態度

モーセはファラオに、最初から "自分たちはエジプトに仕える者ではない。自分たちの神に仕えるために、三日の旅に出かけたい" と頼んでいる。

(1) イスラエルの民は、エジプトから自分たちを救い出した神の業を見て、モーセをも神をも信じた。しかし、すぐに神に反発し始める。

　"神は確かに共にいるのか" と疑う者もいた。

　"エジプトに帰ろう" と言う者もいた。

(2) 神は、民が二度と奴隷にならないように、十の言葉（十戒）を与えた。

(3) イスラエルはいろいろな体験の中で、神がどれほど怒るに遅くあわれみ深いかを知るようになる。

7　本書からヨシュア記までは一連のものであり、"神に仕える民イスラエルが、神の導きによって約束の地に入る" という一貫した内容である。

《復習として考える問題》

○ モーセの姿をとおして、キリストはどのように表されていますか。

○ エジプトでのイスラエルの民の奴隷生活には、現代のわたしたちと相通じるものがあるでしょうか。

レ ビ 記

【レビ記について】

成 立 時 期	レビ記の著者はモーセとも言われるが、モーセの時代からダビデ王に続く王政時代を経て、イスラエルの民の中で守り行なわれてきた律法や規定が、バビロン捕囚後にまとめられて現在のかたちになったと思われる。

内　　容		
1		祭事を行なうレビ族の祭司たちのための指針のようである。
		清め、汚れ、汚れる時期や衛生上のことなど、現代の感覚からすると奇異に思われることが細部にわたって規定の中に組み込まれている。
	(1)	多くのおきてと細かい指示は、聖なる神がイスラエルを聖なる民、神の民とするためである。
	(2)	新約聖書を読むと、キリストや使徒たちも、これらの規定を守っていたことが分かる。
2		本書は、モーセ五書の中心にあり、ユダヤ教の心とも言える。
		"聖なる神" "共にいる神" の尊さを語る信仰の書であり、エルサレムの神殿を中心に営まれる契約の民イスラエルの信仰生活の指導書でもある。本書は、すべてを完成し成就するキリストへの案内役と言われるほどである（ガラ3／24 参照）。

区　　分	1章～7章	種々のいけにえに関する規定。
	8章～10章	祭司に関する規定。
	11章～16章	清めに関する規定。
	17章～26章	神の民の守るべき神聖法集（本書の中心部分）。
	27章	買い戻しについての規定。

【主　要　点】

重　要　事　項	レ　ビ　記		聖　書　の　こ　と　ば
○ 焼き尽くすささげ物	1	2 -	イスラエルの人々に告げてこう言いなさい。
			牛を焼き尽くす献げ物とする場合には、無傷の雄を
			ささげる。手を献げ物とする牛の頭に置くと、それ
			は、その人の罪を贖う儀式を行うものとして受け入
			れられる。奉納者がその牛を主の御前で屠ると、祭
			司たちは血を臨在の幕屋の入り口にある祭壇の四つ
			の側面に注ぎかけてささげる。
		9	祭司はその全部を祭壇で燃やして煙にする。これが
			焼き尽くす献げ物であり、燃やして主にささげる宥
			めの香りである。
○ 穀物のささげ物	2	1	上等の小麦粉を献げ物としなさい。オリーブ油を注
			ぎ、更に乳香を載せる。
		13	穀物の献げ物にはすべて塩をかける。あなたの神と
			の契約の塩を献げ物から絶やすな。
○ 和解のささげ物	3	1 - 3	無傷の牛を主にささげる。奉納者が献げ物とする牛
			の頭に手を置き、臨在の幕屋の入り口で屠ると、祭
			司たちは血を祭壇の四つの側面に注ぎかける。この
			牛を燃やして主にささげる和解の献げ物とする場合
			は、内臓を覆っている脂肪……を取る。
		5	祭壇の燃えている薪の上の焼き尽くす献げ物と共に
			煙にする。
○ 贖罪のささげ物	4	18-19	血を祭壇の四隅の角に塗り、残りの血は全部、臨在
			の幕屋の入り口にある焼き尽くす献げ物の祭壇の基
			に流す。脂肪はすべて祭壇で燃やして煙にする。
		35	祭司が彼の犯した罪を贖う儀式を行うと、彼の罪は
			赦される。
	5	5	その罪を犯したことを告白し、贖罪の献げ物を主に
			ささげる。
○ 賠償のささげ物		23-	盗品、横領品、共同出資品、紛失物、その他彼が偽
			り誓ったものが何であれ、すべて返さねばならない。
			彼はそれを完全に賠償し、おのおのの場合につき五
			分の一を追加する。
	7	25-27	燃やして主にささげる物の脂肪を食べる者、動物の
			血を食用に供する者はすべて自分が属する民から断
			たれる。

重 要 事 項	レ ビ 記		聖 書 の こ と ば
○主の祭司	8	5	モーセは共同体全員に向かって、これは主の命じられたことであると言った。
		6 -	モーセはアロンとその子らを進み出させて、彼らを水で清めた。
			そしてアロンに長い服を着せ、飾り帯を付け、上着を着せ、エフォドを掛け、その付け帯で締めた。
		12	聖別の油の一部をアロンの頭に注ぎ、彼を聖別した。
○定めのとおりアロンが奉献する	9	22-23	アロンは手を上げて民を祝福し、贖罪の献げ物、焼き尽くす献げ物、和解の献げ物をささげ終えて、壇を下りた。主の栄光が民全員に現れた。
○規則を犯す罪	10	1 - 2	それは、主の命じられたものではない、規定に反した炭火であった。すると、主の御前から火が出て二人を焼き、彼らは主の御前で死んだ。
○祭司の任務 　裁くこと、教えること		9 -	臨在の幕屋に入るときは、ぶどう酒や強い酒を飲むな。あなたたちのなすべきことは、聖と俗、清いものと汚れたものを区別すること、主が命じられたすべての掟をイスラエルの人々に教えることである。
○汚れと清め	11	47	汚れたものと清いもの、食べてよい生き物と食べてはならない生き物とを区別する。（マコ7／1-23参照）
○産後の奉献	12	6	清めの期間が完了したならば、産婦は一歳の雄羊一匹と鳩を携えて行き、祭司に渡す。
○皮膚病に関して	13	2	皮膚病の疑いがある場合、その人を祭司のところへ連れて行く。
	14	3	祭司は宿営の外に出て来て、調べる。
○贖罪日（ヨム キプール） 　大祭司が至聖所に入る	16	2 - 3	決められた時以外に、垂れ幕の奥の至聖所に入り、契約の箱の上にある贖いの座に近づいて、死を招かないように。アロンが至聖所に入るときは次のようにしなさい。（ヘブ9／11-14参照）
あがないの雄山羊		9	くじで主のものに決まった雄山羊を贖罪の献げ物に用いる。
		15-16	民の贖罪の献げ物のための雄山羊を屠り、その血を垂れ幕の奥に携え、さきの雄牛の血の場合と同じように、贖いの座の上と、前方に振りまく。こうして

重　要　事　項	レビ記		聖　書　の　こ　と　ば
			彼は、イスラエルの人々のすべての罪の贖いの儀式を行う。
追い立ての雄山羊		21	アロンは雄山羊の頭に両手を置いて、イスラエルの人々のすべての罪責と背きと罪とを告白し、これらすべてを雄山羊の頭に移し、人に引かせて荒れ野の奥へ追いやる。
○ ささげ物は定められた所で	17	3-4	イスラエルの人々は、宿営の内であれ、外であれ、牛、羊、山羊を屠っても、それを臨在の幕屋の入り口に携えて来て、主の幕屋の前で献げ物として主にささげなければ、殺害者と見なされる。流血の罪を犯したのであるから、民の中から断たれる。
○ 命は血の中にあり、血は罪をあがなう		11	生き物の命は血の中にある。わたしが血をあなたたちに与えたのは、祭壇の上であなたたちの命の贖いの儀式をするためである。血はその中の命によって贖いをするのである。
		14	いかなる生き物の血も、決して食べてはならない。すべての生き物の命は、その血だからである。
○ 禁じられた性関係	18	3-5	エジプトやカナンの風習に従ってはならない。わたしはあなたたちの神、主である。わたしの掟と法とを守りなさい。これらを行う人はそれによって命を得ることができる。
		24-	以上のいかなる性行為によっても、身を汚してはならない。これらはすべて、あなたたちの前からわたしが追放しようとしている国々が行って、身を汚していることである。これらの行為によってこの土地は汚され、わたしはこの地をその罪のゆえに罰し、この地はそこに住む者を吐き出したのである。
○ 聖なる民でなければならない	19	2	あなたたちは聖なる者となりなさい。あなたたちの神、主であるわたしは聖なる者である。
		4	偶像を仰いではならない。
○ 隣人愛		17-18	心の中で兄弟を憎んではならない。同胞を率直に戒めなさい。復讐してはならない。民の人々に恨みを抱いてはならない。自分自身を愛するように隣人を愛しなさい。わたしは主である。（マタ22／39参照）
		26	占いや呪術を行ってはならない。
		32-	白髪の人の前では起立し、長老を尊び、あなたの神を畏れなさい。寄留者があなたの土地にいるなら、虐げてはならない。

重 要 事 項	レビ記		聖 書 の こ と ば
			不正な物差し、秤、升を用いてはならない。正しい天秤、正しい重り、正しい升、正しい容器を用いなさい。わたしは、あなたたちをエジプトの国から導き出したあなたたちの神、主である。
○ 偶像礼拝は売春に当たる	20	6	口寄せや霊媒を訪れて、これを求めて淫行を行う者があれば、わたしはその者にわたしの顔を向け、彼を民の中から断つ。
○ 聖とするのは主である		8	わたしの掟を忠実に守りなさい。わたしは主であって、あなたたちを聖なる者とする。
○ 証として選り分けられた民		26	あなたたちはわたしのものとなり、聖なる者となりなさい。主なるわたしは聖なる者だからである。わたしはあなたたちをわたしのものとするため諸国の民から区別したのである。
○ 祭司は神のもの	21	7 - 8	祭司は神に属する聖なる者。あなたは彼を聖なる者とせよ。神の食物をささげる身だからである。わたしはあなたたちを聖別する主、聖なる者だからである。
○ イスラエルの暦 安息日	23	3	六日の間仕事をする。七日目は最も厳かな安息日であり、聖なる集会の日である。いかなる仕事もしてはならない。どこに住もうとも、これは主のための安息日である。
過越と種なしパンの祭り		5	第一の月の十四日の夕暮れが主の過越である。
		6	同じ月の十五日は主の除酵祭である。七日の間、酵母を入れないパンを食べる。
初穂の祭り		10	穀物を収穫したならば、初穂を祭司のもとに携えなさい。
		11	祭司は、主に受け入れられるよう御前に差し出す。
五旬祭		16	五十日を数えたならば、主に新穀の献げ物をささげる。
新年		24	第七の月の一日は安息の日として守り、角笛を吹き鳴らして記念し、聖なる集会の日としなさい。
贖罪日		27-28	第七の月の十日は贖罪日である。聖なる集会を開き、苦行をし、贖いの儀式を行う。（16／1-34 参照）
仮庵祭		39	第七の月の十五日、農作物を収穫するときは、七日の間主の祭りを祝いなさい。

重 要 事 項	レ ビ 記		聖 書 の こ と ば
		42-43	七日の間、イスラエルの土地に生まれた者はすべて仮庵に住まねばならない。これは、わたしがイスラエルの人々をエジプトの国から導き出したとき、彼らを仮庵に住まわせたことを、あなたたちの代々の人々が知るためである。
供えのパン	24	5 - 9	パンを十二個焼く。純金の机の上に置いて主の御前に供える。安息日ごとに主の御前に絶えることなく供える。アロンとその子らは聖域で食べる。
安息の年	25	3 - 4	六年の間は畑に種を蒔き、ぶどう畑の手入れをし、収穫することができるが、七年目には全き安息を土地に与えねばならない。
ヨベルの年		8 -	あなたたちは国中に角笛を吹き鳴らして、この五十年目の年を聖別し、全住民に解放の宣言をする。おのおのその先祖伝来の所有地に帰り、家族のもとに帰る。
○ 土地は神のもの		23	土地はわたしのものであり、あなたたちはわたしの土地に寄留し、滞在する者にすぎない。
○ 主の約束は絶対	26	3 -	あなたたちがわたしの掟に従って歩み、わたしの戒めを忠実に守るならば、あなたたちは食物に飽き足り、国のうちで平穏に暮らすことができる。
		9	わたしはあなたたちを顧み、子を生ませ、その数を増し、あなたたちとわたしの契約を立てる。
約束の恵み		11-	わたしはあなたたちのただ中にわたしの住まいを置き、あなたたちを退けることはない。わたしはあなたたちのうちを巡り歩き、あなたたちの神となり、あなたたちはわたしの民となる。わたしはあなたたちが奴隷にされていたエジプトの国から導き出したあなたたちの神、主である。あなたたちの軛を打ち砕き、まっすぐに立って歩けるようにした。
		14-	しかし、わたしの言葉を聞かず、わたしの掟を捨て、何一つ戒めに従わず、わたしの契約を破るならば、わたしは顔をあなたたちに向けて攻める。それゆえ、あなたたちは敵に打ち破られ、あなたたちを憎む者に踏みにじられ、追う者もないのに逃げ去らねばならない。
主の戒め		18-	このような目に遭ってもまだ、わたしの言葉を聞かないならば、……それでも、まだ反抗し、わたしの言葉を聞こうとしないならば、……それでも、まだ懲らしめが分からず、反抗するならば、わたしは激

重 要 事 項	レ ビ 記	聖 書 の こ と ば
神はイスラエルを見捨てない	39-	しい怒りをもって立ち向かい、倒れた偶像の上にあなたたちの死体を捨てる。あなたたちの町々を廃墟とし、聖所を荒らし、宥めの香りを受け入れない。わたしは国を荒らし、そこを占領した敵は、それを見て驚く。わたしはあなたたちを異国に追い散らす。生き残った者も、敵の国々で罪のためにやせ衰える。しかし、自分と自分の先祖の罪を告白するならば、もし、彼らのかたくなな心が打ち砕かれ、罪の罰を心から受け入れるならば、わたしは、わたしの契約を思い起こし、かの土地を思い起こす。
	44	彼らが敵の国にいる間も、わたしは彼らを捨てず、彼らを滅ぼし尽くさず、彼らと結んだわたしの契約を破らない。わたしは彼らの神、主だからである。
○ 永久に主のものである奉納物	27　28-29	永久に主のものとして奉納したすべての奉納物は、それを売ったり、買い戻したりすることはできない。永久に奉納物はすべて、神聖なもので主に属する。特に、永久に神に奉納された奉納物が人である場合は、その人を買い戻すことはできず、必ず殺さねばならない。

【レビ記の教え】

1　神の民、聖なる民となったイスラエルは、主なる神に仕える。

(1)　他の神々と完全に区別される“聖なる神”“主なる神”は、イスラエルに、「わたしは主である。わたしは聖なる者である。わたしの民となったあなたたちも、聖でなければならない」と、繰り返し告げている。

また、他民族から選び分けられたイスラエルは、主なる神の尊厳を人々の間に証する者としても立てられている。

(2)　“聖なる”とは、神自身から来るものであり、人間を超越した神が与えるエネルギーのようなものである。それは、神に近づく人間だけでなく、祭儀に使う場所や物にまでも及ぶ。

(3)　神の民イスラエルは、主の前を歩み、主のおきてと法令を守り、神と共に生きる民として、全生活を神にささげる特別な清さを求められている。

しかし、日常生活の中には、人間や物を汚して、神に近づくことを妨げる悪いものもある。人間の不注意や病気、性に関することなどで清さを失い、不潔とされることもあるが、これらの汚れを清めるためにはあらゆる方法があり、様々ないけにえや清めの式によって再び聖なる民の中に戻り、宗教行事にも参加することができるようになる。

2　イスラエルの祭司

(1)　古くから家族の長や部族の長が祭司職を果たしていた。しかし、カナン入国後は、いけにえをささげるために幾つかの場所に人々が集まるようになり、そこが礼拝の場となったので、レビ族の祭司たちがそこで主に仕えた。

エルサレムに神殿ができてからは、祭司たちもエルサレムに集まるようになり、本書の規定に従って祭司職をつとめていた。

(2)　祭司は、神から聖別された者として神に近づき、神からの罪のゆるしを宣言する責任をゆだねられ、より深く神の聖性に参与する者、聖なる者、清い者であるように、本書で強調されている。

(3)　祭司は、神とイスラエルの仲介者であり、民の祈りを神に取り次ぎ、神にいけにえをささげ、神のみ言葉を民に伝え、日常生活の問題を裁く。

3　いけにえ

(1)　イスラエルの人々は、神をすべての生命の主、創造主として礼拝し、すべては主から与えられた恵みであると認め、自分たちの奉献の心を表して種々のいけ

にえをささげている。

(2) 神と共に生きる聖なる民として選ばれたイスラエルが、汚れによって神から離れてしまっても、祭司の祈りといけにえをささげることによって、その罪からゆるされ、神との親しい関係を回復し、再び神の民の共同体の中で暮らすことができるように、日常生活全般にかかわる細かい規定が与えられている。

(3) イスラエルの人々は「生き物の命は血の中にある。血はその中の命によって贖いをする」（17／11）と教えられていたので、あがないのいけにえとして動物をほふってささげている。

(4) 贖罪日には、年に一度、イスラエルの共同体全体の罪をあがなうために、大祭司がいけにえをささげてあがないの儀式を行なう。このあがないのいけにえは、キリストによって永遠のあがないとして完成される（ヘブ9／11-28参照）。

4　安　息
人は神の似姿であり、神の安息に入るように招かれている。

(1) 安息日は主権者である神をあがめ、主なる神に自分を全くゆだね、労働を休み、神と共に過ごすように招待されている日である。

(2) 安息年とヨベルの年
すべては神からいただいたものであり、すべてを神の意思に添って使用することを思い出す “恵みの年” である。

5　本書には、聖なる神と生活の細かいところまで結ばれているイスラエルの、聖なる民としての理想が示されている。しかし、イスラエルの民は実際にこれらを実行できたわけではない（アモ5／20-27, エレ7／1-28, 詩50, 51参照）。

《復習として考える問題》
○ 本書の中で、何が一番大切でしょうか。

民　　数　　記

【民数記について】

大　　要	民数記は、モーセに導かれたイスラエルの民が、シナイ山を出て40年間荒れ野を旅し、約束の地カナンに入る直前までの記録である。その旅の間、イスラエルの不信仰による反逆が繰り返されている。 民数記という書名は、二度行われた人口調査に由来する名で、原文では「荒れ野において」と題されている。
成 立 時 期	南北王国時代の頃から書き留められてきた各種の資料を、捕囚のときに祭司たちがまとめ、捕囚後にエルサレムで本書のかたちに書き上げられたものと思われる。
内容と区分	イスラエルの民が荒れ野で生活した地理的な面から区分し、内容もそれに従って分けられている。
1	1章1節〜10章10節　　シナイの荒れ野で。 第一回目の人口調査。 イスラエルの十二族の中からレビ族が祭司職に就く。 過越祭などの祭りや種々の規定が定められる。
2	10章11節〜21章　　荒れ野での長い年月。 飢えを訴えるイスラエルの民は、マナを与えられてもなお激しく不満を言う。 モーセはひとりでは民全体を負うことができないので、七十人の長老を立てる。 モーセは、目的地カナンの偵察に斥候を送る。 ささげ物に関する補足。 メリバの水事件。 不平をやめないイスラエルの民は、蛇の害に悩まされる。
3	22章〜36章　　モアブの平原で。 バラムの託宣は、神に選ばれた民イスラエルの優越性を告げる。 モアブの偶像（ペオルのバアル）を慕い、神への背信の行為をする。 第二回目の人口調査（26章）。 ささげ物の規定。 約束の地での土地の分配。

【主　要　点】

重　要　事　項	民　数　記		聖　書　の　こ　と　ば
○ シナイで主が命じた人口調査	1	2	イスラエルの共同体全体の人口調査をしなさい。氏族ごとに、家系に従って、戸籍登録をしなさい。
○ レビ人の役目	3	6 -	レビ族を前に進ませ、祭司アロンの前に立たせ、彼に仕えさせなさい。 彼らはアロンと共同体のために臨在の幕屋を警護し、幕屋の仕事をする。 彼らはイスラエルの人々の中からアロンに属する者とされている。
		12-13	わたしはイスラエルの人々の中からレビ人を取って、イスラエルの人々の初子の身代わりとする。エジプトの国ですべての初子を打ったとき、わたしはイスラエルの初子を人間から家畜に至るまでことごとく聖別して、わたしのものとした。わたしは主である。（8／1-26参照）
○ 宿営を汚すな	5	3	わたしがそのただ中に住んでいる宿営を汚してはならない。
○ ナジルの誓願	6	8	ナジル人である期間中、その人は主にささげられた聖なる者である。
○ 祭司の祝福の言葉		24-27	主があなたを祝福し、あなたを守られるように。主が御顔を向けてあなたを照らし、あなたに恵みを与えられるように。主が御顔をあなたに向けて、あなたに平安を賜るように。彼らがわたしの名をイスラエルの人々の上に置くとき、わたしは彼らを祝福するであろう。
○ 幕屋の完成	7	1	モーセは幕屋を建て終わった日に、祭壇とそのすべての祭具に油を注いで聖別した。
○ イスラエルの指導者のささげ物		2 -11	イスラエルの指導者、家系の長は進み出た。 祭壇に油が注がれる日に、指導者は祭壇奉献のための献げ物を携えて来た。
○ 幕屋で主と語るモーセ		89	モーセは幕屋に入った。掟の箱の上の贖いの座を覆う一対のケルビムの間から、神が語りかけられる声を聞いた。神はモーセに語りかけられた。
○ 第一回過越祭	9	4	モーセはイスラエルの人々に過越祭を祝うように命じた。

重 要 事 項	民数記		聖 書 の こ と ば
○主が民を導く		15-	幕屋を建てた日、雲は掟の天幕である幕屋を覆い、夜は燃える火のように見えた。雲が天幕を離れると、イスラエルの人々は旅立ち、雲が一つの場所にとどまると、そこに宿営した。雲が幕屋の上にとどまっている間、彼らは宿営していた。
○シナイからの出発	10	11	雲は掟の幕屋を離れて昇り、イスラエルの人々はシナイの荒れ野を旅立った。
○主への呼びかけ		35	主の箱が出発するとき、モーセはこう言った。「主よ、立ち上がってください。あなたの敵は散らされ、あなたを憎む者は御前から逃げ去りますように。」その箱がとどまるときには「主よ、帰って来てください。イスラエルの幾千幾万の民のもとに。」
○うずらの事件	11	4 -	「誰か肉を食べさせてくれないものか。どこを見回してもマナばかりで、何もない。」
○七十人の長老に聖霊が与えられる		16 25	イスラエルの長老七十人を集め、連れて来なさい。主はモーセに授けられている霊の一部を取って、七十人の長老にも授けられた。
○ミリアムとアロンの反抗	12	2	「主はモーセを通してのみ語られるというのか。我々を通しても語られるのではないか。」
○すぐれた預言者モーセ		3 8	モーセという人はこの地上のだれにもまさって謙遜であった。主はこう言われた。「口から口へ、わたしは彼と語り合う。あらわに、謎によらずに。」
○カナンの偵察	13	2	「人を遣わして、わたしがイスラエルの人々に与えようとしているカナンの土地を偵察させなさい。」
○エジプトに帰ろう	14	4 13- 20	「一人の頭を立てて、エジプトへ帰ろう。」「エジプト人は、あなたが御力をもって、彼らのうちからこの民を導き上られたことを聞いています。もし、あなたがこの民を一挙に滅ぼされるならば、荒れ野で彼らを殺したのだと言うでしょう。どうか、あなたの大きな慈しみのゆえに、この民の罪を赦してください。」「あなたの言葉のゆえに、わたしは赦そう。しかし、わたしの声に聞き従わなかった者はだれ一人として、わたしが彼らの先祖に誓った土地を見ることはない。」

重 要 事 項	民数記		聖 書 の こ と ば
○ 二つの反逆	16	2	（彼らは）二百五十名の名のある人々を仲間に引き入れ、モーセとアロンに逆らった。
		4 -	モーセはコラとその仲間すべてに言った。「その上、あなたたちは祭司職をも要求するのか。そのために、主に逆らって集結したのか。」
		12 -	エリアブの子であるダタンとアビラムはモーセに言った。「あなたは我々をこの荒れ野で死なせるだけでは不足なのか。我々の上に君臨したいのか。」
○ アロンの祭司職	17	21-26	指導者は皆、部族ごとに、父祖の家ごとに、指導者一人に一本ずつ、合計十二本の杖を彼に渡した。モーセはそれを主の御前に置いた。明くる日、見ると、レビの家のアロンの杖が芽を吹き、花を咲かせ、アーモンドの実を結んでいた。「アロンの杖を、反逆した者たちに対する警告のしるしとして保管しなさい。そうすれば主に対する不平がやみ、彼らが死ぬことはない。」モーセはそのとおりにした。
	18	1	主はアロンに言われた。「あなたとあなたの子ら、ならびにあなたの父祖の家の者らは、共に聖所に関する罪責を負わねばならない。また、共に祭司職に関する罪責を負わねばならない。」
		5	「あなたたちが聖所の務めと祭壇の務めを果たす。そうすれば、怒りが再びイスラエルの人々に臨むことはないであろう。」
○ メリバの水	20	7 -	主はモーセに仰せられた。「彼らの目の前で岩に向かって、水を出せと命じなさい。彼らのために水を出し、共同体と家畜に水を飲ませるがよい。」
		11	モーセが手を上げ、その杖で岩を二度打つと、水がほとばしり出た。 主は言われた。「あなたたちは、イスラエルの人々の前に、わたしの聖なることを示さなかった。それゆえ、あなたたちはこの会衆を、わたしが彼らに与える土地に導き入れることはできない。」（出17／1-7, Iコリ10／4 参照）
○ 青銅の蛇	21	9	モーセは青銅で一つの蛇を造り、旗竿の先に掲げた。蛇が人をかんでも、その人が青銅の蛇を仰ぐと、命を得た。（ヨハ3／14 参照）
○ 約束の地に近づく	22	1	イスラエルの人々は更に進んで、エリコに近いヨルダン川の対岸にあるモアブの平野に宿営した。

重 要 事 項	民 数 記		聖 書 の こ と ば
○ バラムの託宣		38	「ご覧のとおり、あなたのところにやって来ました。しかしわたしに、何かを自由に告げる力があるでしょうか。わたしは、神がわたしの口に授けられる言葉だけを告げねばなりません。」
すぐれた民になる	23	9-10	見よ、これは独り離れて住む民、自分を諸国の民のうちに数えない。誰がヤコブの砂粒を数えられようか。
		20-	見よ、祝福の命令をわたしは受けた。神の祝福されたものを、わたしが取り消すことはできない。彼らの神、主が共にいまし、彼らのうちに王をたたえる声が響く。
神から勝利を与えられる	24	7	彼らの王はアガグよりも栄え、その王国は高く上げられる。
		9	あなたを祝福する者は祝福され、あなたを呪う者は呪われる。
ヤコブから輝く星が上る		17-	ひとつの星がヤコブから進み出る。ひとつの笏がイスラエルから立ち上がり、イスラエルは力を示す。ヤコブから支配する者が出る。
○ イスラエルの背信	25	3	イスラエルはこうして、ペオルのバアルを慕ったので、主はイスラエルに対して憤られた。
		5	モーセはイスラエルの裁判人たちに言った。「おのおの、自分の配下で、ペオルのバアルを慕った者を殺しなさい。」
		11	「祭司アロンの孫で、エルアザルの子であるピネハスは、わたしがイスラエルの人々に抱く熱情と同じ熱情によって彼らに対するわたしの怒りを去らせた。それでわたしは、わたしの熱情をもってイスラエルの人々を絶ち滅ぼすことはしなかった。」（31／1-54 参照）
○ 第二の人口調査	26	2	「イスラエルにおいて兵役に就くことのできる二十歳以上の者を、家系に従って人口調査しなさい。」
		64	その中には、モーセと祭司アロンがシナイの荒れ野でしたときに登録された者は一人もいなかった。
○ ヨシュアの任命	27	16-17	「主よ、どうかこの共同体を指揮する人を任命し、彼らを率いて出陣し、彼らを率いて凱旋し、進ませ、また連れ戻す者とし、主の共同体を飼う者のいない羊の群れのようにしないでください。」（ヨハ10／9 参照）

重 要 事 項	民 数 記		聖 書 の こ と ば
		22-23	モーセは、主が命じられたとおりに、ヨシュアを選んで祭司エルアザルと共同体の前に立たせ、手を彼の上に置いて、主がモーセを通して命じられたとおりに、彼を職に任じた。
○ 朝夕のいけにえ	28	3-	燃やして主にささげる献げ物は次のとおりである。無傷の一歳の羊二匹を、日ごとの焼き尽くす献げ物として、毎日、朝夕に一匹ずつ、ささげなさい。それと共に、上等の小麦粉十分の一エファに上質のオリーブを砕いて取った油四分の一ヒンを混ぜて作った穀物の献げ物をささげる。
		7	それに添えるぶどう酒の献げ物は、羊一匹について四分の一ヒンとし、聖所で、主に対するぶどう酒の献げ物として、酒を注ぐ。(15／1-41 参照)
○ **約束の地の分配**	32	32	「わたしたちは主の御前に武装して、カナンの土地に渡って行きますから、わたしたちの嗣業の所有地は、ヨルダン川のこちら側になりましょう。」
○ 荒れ野の旅路	33	1-	エジプトの国を出たイスラエルの人々は、次のような旅程をたどった。モーセは主の命令により、出発した地点を旅程に従って書き留めた。
○ くじによる分配方法		53-	その土地を得て、そこに住みなさい。氏族ごとに、くじを引いて、その土地を嗣業として受け継がせなさい。
○ **土地は神から受ける遺産の地**	34	2	あなたがカナンの土地に入るとき、嗣業としてあなたたちのものになる土地は、次のとおりである。
○ 逃れの町	35	11-	幾つかの町を選んで逃れの町とし、過って人を殺した者が逃げ込み、復讐する者からの逃れのために用いる。彼は大祭司が死ぬまで、そこにとどまらねばならない。
		28	大祭司が死んだ後はじめて、人を殺した者は自分の所有地に帰ることができる。
○ 聖なる地		34	あなたたちの住む土地、わたしがそこに宿る土地を汚してはならない。主であるわたしがイスラエルの人々のただ中に宿っているからである。

【民数記の教え】

1		荒れ野の道
	(1)	他民族から離され、人間的慰めのない荒れ野の旅は、イスラエルが神に選ばれた民として、約束の地に住むのにふさわしいものとされるための、試みと清めの恵みの期間であった。預言者たちは、これを神とイスラエルの婚約時代のように見ている。
	(2)	この間にイスラエルは、将来に備えて民としても組織的に固められる。 モーセの下に七十人の長老が立てられ、信仰問題の指導と責任は祭司に、そして民全体の指導者にはモーセの後継者ヨシュアが任命される。
	(3)	反逆する人の集まりのようなイスラエルであっても、民として全人類に神を証し、救いをもたらす使命を担い、実行していく。 モーセの取り次ぎの言葉を見ると、イスラエルの荒れ野での歩みには、神の名誉がかかっているようである。
	(4)	約束の国へと荒れ野を歩むイスラエルは、神の民である教会の前表であり、モーセは民の先頭に立って進むイエス・キリストの前表である。
2		荒れ野での体験
	(1)	主なる神はイスラエルと共に住む。 イスラエルにとって主こそ、本当の王、支配者、指導者である。 イスラエルの民の旅の出発を決め、また、とどまる所を決めるのは主である。 神は幕屋で特別にモーセと親しく語り、昼は雲、夜は火の柱で、民と共にいることを示される。 民は食べ物も飲み物も、主の計らいで与えられる。
	(2)	目前の困難にくじけて、神と指導者モーセやアロンに逆らう者と、神を信頼して命令どおりに進もうとする者との二つの動きがいつもあり、反逆は絶えず繰り返される。
	(3)	約束の地へと進むイスラエルの民は、神の力によって外からの攻撃にも内からの反逆にも打ち勝つ。何者も阻むことはできない。それらを通して、イスラエルは“約束を忠実に守り実行する神”を体験する。 ○ アマレクやエドムの軍にも、ペオルのバアルの偶像への誘いにも勝ち、民の中の内紛をも乗り越える。 ○ 異邦人の占い師バラムさえもイスラエルを呪わず、むしろ祝福し、イスラエルの輝く未来を告げる。

3		モーセの役割
	(1)	神から選ばれ、神の代行者として乳と蜜の流れる地へと民を導く神に立てられた指導者である。
	(2)	モーセこそ、神からの言葉を民に伝える本当の預言者である。
	(3)	反逆を重ねるイスラエルの民に代わって、民の命が断たれることのないように切に神のゆるしを願い、取り次ぐ。モーセは非常に謙そんな人と認められる。
4		祭司職とレビ族
	(1)	レビの一族は土地を受け継ぐことなく、神のものとされた。 主がエジプトの国で初子を撃った日から、イスラエルのすべての初子は主に聖別され、主のものとなった。 神はイスラエルのすべての初子の身代わりとしてレビ族を取られ、レビ族は神の住まいである幕屋に奉仕する者となり、幕屋に近く、幕屋を囲んで生活するように選ばれた。
	(2)	レビ族のアロンの子らが祭司職を受け継ぎ、祭司は特に神の前に祝別される。 コラの事件にあるように、祭司以外の者が行なう祭司的行為は神に受け入れられず、神の怒りを受け、命を断たれる。祭司もレビ族も祭壇から生きる糧を得る。
	(3)	祭司は、神と民との仲介者である。 祭司は神に近づき、民のささげるいけにえを祭壇に供え、神の名を民の上に呼び求め、罪のゆるしや祝福と平和を告げる言葉を唱えるなどの役目を果たす。
5		マナ（出16／1-36参照）
	(1)	マナによって主なる神のあわれみ、慈しみを知る。
	(2)	知恵の書16章21節に言われるように "ひとりひとりの口に合う味" である。
	(3)	マナは、毎日与えられ、毎日拾うものである。 少し拾っても多く拾っても、その一日のためにちょうど足りる量となり、余ることはない。安息日のためには前日に二日分を拾っていた。
	(4)	安息日は神と共に暮らし、神と共に休む日であるから、安息日にはマナを拾うことはない。民は神と共に生きる生活の仕方を少しずつ教えられる。
	(5)	マナは人間の体を養うばかりでなく心の飢えをも満たし、命を養うあらゆる恵みを表している。 マナは、イエス・キリストが与える "天からのパン" の前表である。（ヨハ6／31 参照）

6　過越をたたえる詩編

イスラエルの後の世代の人々は、先祖たちの体験した出来事を思い起こす。

○ エジプトから救い出されたこと。

○ 荒れ野の40年間神に守られ導かれたこと。

○ 約束された国に入り定住できたこと。

このような、神の不思議な業を詩編でほめたたえている。

(1)　詩編　136

恵み深い主に感謝せよ。慈しみはとこしえに。

ただひとり　驚くべき大きな御業を行う方に感謝せよ。

慈しみはとこしえに。

(2)　詩編　78

わたしの民よ、わたしの教えを聞き　わたしの口の言葉に耳を傾けよ。

わたしたちが聞いて悟ったこと　先祖がわたしたちに語り伝えたことを。

(3)　詩編　105

主の成し遂げられた驚くべき御業と奇跡を　主の口から出る裁きを心に留めよ。

(4)　詩編　106

ハレルヤ。恵み深い神に感謝せよ、慈しみはとこしえに。

わたしたちは先祖と同じく罪を犯し　不正を行い、主に逆らった。

主は、御名のために彼らを救い　力強い御業を示された。

《復習として考える問題》

○ 民数記に出ている神の民とわたしたちは、どんなところが似ていますか。

○ 現代に偶像崇拝はあるでしょうか。

申　命　記

【申命記について】

大　要	
1	エジプトを出てから長い荒れ野の旅の後、モアブの平原に至り、約束の地を前にヨルダン川を渡ろうとするイスラエルの民に、モーセが行なった三つの説教として構成され、モーセの遺言のかたちで書かれている。 モーセは、イスラエルの民がシナイ山で神と結んだ契約を、忠実に愛を込めて守るように教え諭す。
2	本書は、イスラエルの信仰を培う教理書とも言うべきものである。
(1)	選ばれた神の民として、シナイ山での契約を日々刻々、今も後々までも更新し続けなければならないと教える。
(2)	当時の祭司たちの信仰の精神をよく表している。
(3)	本書の書名は、ギリシア語訳の影響で「第二法の書」とも言われる。

成 立 時 期	本書の主要部分である5章～29章は、北のイスラエルに伝えられていたモーセ時代からの様々の規定を、一つにまとめたものが基礎となったようである。この写本が紀元前622年頃、神殿修復工事の際に見つけられ、ヨシヤ王の宗教改革の契機ともなった（王下22／1- 23／30, 代下34／1- 35／26参照）。更にバビロン捕囚時代、またはその直後に、前後の章が祭司たちによって加えられ、ほぼ現在のかたちに整えられた。（伝承のD伝承参照）

区　分		
1章1節～4章43節	モーセの第一説教。	
	イスラエルは神から選ばれた民である。	
	神との契約を忠実に守りなさい。	
4章44節～28章	モーセの第二説教。	
	主なる神を愛せよ。	
（12章～26章	守るべき様々な規定と法令〔申命記法〕）	
29章～30章	モーセの第三説教。	
	主の言葉は命の言葉であり、いつもあなたの側にある。	
31章～34章	モーセはヨシュアを後継者に指名する。	
	モーセはネボ山で死ぬ。	

【主　要　点】

重　要　事　項	申命記		聖　書　の　こ　と　ば
○ 入国にあたって	1	1-	ヨルダン川の東側にある荒れ野で、スフに近いアラバにおいて、モーセは主が命じられたとおり、告げた。我々の神、主は仰せになった。「あなたたちにこの土地を与える。」あなたたちは行って、主が先祖アブラハム、イサク、ヤコブに、彼らとその子孫に与えると誓われた土地を取りなさい。
○ モーセは渡って行けない	3	23-29	「もうよい。この事を二度と口にしてはならない。お前はこのヨルダン川を渡って行けないのだから、自分の目でよく見ておくがよい。」
○ 契約を忘れるな	4	1-	イスラエルよ。今、わたしが教える掟と法を忠実に行いなさい。そうすればあなたたちは命を得、あなたたちの先祖の神、主が与えられる土地に入って、それを得ることができるであろう。あなたたちはわたしが命じる言葉に何一つ加えることも、減らすこともしてはならない。わたしが命じるとおりにあなたたちの神、主の戒めを守りなさい。
○ 証する民		6 - 8	掟と法を忠実に守りなさい。そうすれば、諸国の民にあなたたちの知恵と良識が示される。
		22-	わたし（モーセ）はヨルダン川を渡ることなくここで死ぬ。しかし、あなたたちは渡って行って、その良い土地を得る。あなたたちは注意して、主があなたたちと結ばれた契約を忘れず、禁じられているいかなる形の像も造らぬようにしなさい。
		24	あなたたちの神、主は焼き尽くす火であり、熱情の神だからである。
		29	心を尽くし、魂を尽くして求めるならば、あなたは神に出会うであろう。
○ 選ばれた民		32-34	あえて一つの国民を選び出し、（神）御自身のものとされた。
○ 今ここに、契約を結ぶ	5	2 - 3	我々の神、主は、ホレブで我々と契約を結ばれた。主はこの契約を我々の先祖と結ばれたのではなく、今ここに生きている我々すべてと結ばれた。
○ 十戒の確認		6 -21	「わたしは、あなたをエジプトの国、奴隷の家から導き出した神である。わたしをおいてほかに神があってはならない。」

重 要 事 項	申命記		聖 書 の こ と ば
○ 聞け、イスラエルよ 　　主を愛しなさい	6	4 - 5	聞け、イスラエルよ。我らの神、主は唯一の主である。あなたは心を尽くし、魂を尽くし、力を尽くして、あなたの神、主を愛しなさい。
子供に伝えなさい		6	今日わたしが命じるこれらの言葉を心に留め、子供たちに繰り返し教え、語り聞かせなさい。
		13	あなたの神、主を畏れ、主にのみ仕え、その御名によって誓いなさい。（マタ4／10 参照）
		16	マサにいたときにしたように、あなたたちの神、主を試してはならない。（マタ4／7 参照）
		25	我々が命じられたとおり、我々の神、主の御前で、この戒めをすべて忠実に行うよう注意するならば、我々は報いを受ける。
○ イスラエルの選びの理由	7	7 - 8	主が心引かれてあなたたちを選ばれたのは、あなたたちが他のどの民よりも数が多かったからではない。他のどの民よりも貧弱であった。ただ、あなたに対する主の愛のゆえに、先祖に誓われた誓いを守られたゆえに、力ある御手をもって導き、救い出された。
○ 主は共にいる		21	あなたの神、主はあなたのただ中におられる。
○ 荒れ野の旅で育てられる	8	2	あなたの神、主が導かれたこの四十年の荒れ野の旅を思い起こしなさい。主はあなたを苦しめて試し、あなたの心にあること、すなわち御自分の戒めを守るかどうかを知ろうとされた。
神の言葉		3	マナを食べさせ、人はパンだけで生きるのではなく、人は主の口から出るすべての言葉によって生きることをあなたに知らせる。（マタ4／4 参照）
父親の戒め		5 - 7	人が自分の子を訓練するように、主があなたを訓練されることを心に留めなさい。主の戒めを守り、主の道を歩み、彼を畏れなさい。あなたの神、主はあなたを良い土地に導き入れようとしておられる。
		17	「自分の力と手の働きで、この富を築いた」などと考えてはならない。
○ 滅ぼされる民	9	4 - 5	「わたしが正しいので、主はわたしを導いてこの土地を得させてくださった」と思ってはならない。この国々の民が神に逆らうから、主があなたの前から彼らを追い払われるのである。こうして、主はあなたの先祖に誓われたことを果たされるのである。

重　要　事　項	申命記		聖　書　の　こ　と　ば
○ モーセの取り次ぎ		25-29	「あなたが救い出し、導き出された、あなたの嗣業の民を滅ぼさないでください。」
○ 神がイスラエルに求めるもの	10	12-	イスラエルよ。今、あなたの神、主があなたに求めておられることは何か。ただ、あなたの神、主を畏れてそのすべての道に従って歩み、主を愛し、心を尽くし魂を尽くして主に仕え、主の戒めと掟を守って、あなたが幸いを得ることではないか。
心の割礼		16	心の包皮を切り捨てよ。二度とかたくなになってはならない。
兄弟愛		17-18	あなたの神、主は、孤児と寡婦の権利を守り、寄留者を愛して食物と衣服を与えられる。
	11	18-	あなたたちはこれらのわたしの言葉を心に留め、魂に刻み、しるしとして手に結び、覚えとして額に付け、子供たちにもそれを教え、あなたの家の戸口の柱にも門にも書き記しなさい。(14／1-2 参照)
○ 主の名の置かれる場所	12	5-7	主がその名を置くために選ばれる場所、主の住まいを尋ね、そこへ行きなさい。焼き尽くす献げ物、いけにえ、十分の一の献げ物などをそこに携えて行き、主の御前で家族と共に食べ、あなたたちの手の働きをすべて喜び祝いなさい。
○ 他の神々を拝んではならない	13	2-6	預言者や夢占いをする者が現れ、しるしや奇跡を示して、それが実現したとき、「他の神々に従い、仕えよう」と誘われても、耳を貸してはならない。あなたの中から悪を取り除かねばならない。
○ 滅ぼし尽くす （ヘレム＝アナテマ）		14-18	「他の神々に従い、仕えよう」と、町の住民を迷わせている確かな事実があれば、その町の住民を剣にかけて殺し、すべてのものを滅ぼし尽くし、主に対する完全に燃やし尽くす献げ物としなければならない。何一つ手もとにとどめてはならない。(7／1-6，20／16-18 参照)
○ 禁じられた食べ物	14	3	すべていとうべきものは食べてはならない。(使10／13-14 参照)
○ 十分の一税（その１）		22-	毎年、畑に種を蒔いて得る収穫物の中から、必ず十分の一を取り分け、主の御前で家族と共に食べ、喜び祝いなさい。
（その２）		28-29	三年目ごとに、その年の収穫物の十分の一を取り分け、レビ人、寄留者、孤児、寡婦がそれを食べて満ち足りることができるようにしなさい。

重　要　事　項	申命記		聖　書　の　こ　と　ば
○ **貧しい人に心を開く**	15	1	七年目ごとに負債を免除しなさい。
		4	祝福されるから貧しい者はいなくなる。
		7-8	貧しい同胞が一人でもいるなら、心をかたくなにせず、彼に手を大きく開いて、必要とするものを十分に貸し与えなさい。
		11	この国から貧しい者がいなくなることはないであろう。それゆえ、生活に苦しむ貧しい者に手を大きく開きなさい。
		12-	同胞のヘブライ人が、あなたのところに売られてきて、仕えたならば、七年目には自由の身としてあなたのもとを去らせねばならない。贈り物を与えなさい。
○ **三大祭り**	16	16	男子はすべて、年に三度、除酵祭、七週祭、仮庵祭に、あなたの神、主の御前、主の選ばれる場所に出ねばならない。あなたの神、主より受けた祝福に応じて、献げ物を携えなさい。
○ **王への戒め**	17	15	あなたの神、主が選ばれる者を王としなさい。同胞の中から王を立て、外国人を立てることはできない。
		18-19	原本から律法の写しを作り、自分の傍らに置き、生きている限り読み返し忠実に守らねばならない。
○ **主が憎まれる迷信**	18	9-12	自分の息子、娘に火の中を通らせる者、占い師、卜者、易者、呪術師、呪文を唱える者、口寄せ、霊媒、死者に伺いを立てる者などがいてはならない。これらのことを行う者をすべて、主はいとわれる。これらのいとうべき行いのゆえに、主は彼らをあなたの前から追い払われるであろう。
○ **モーセのような預言者**		15	あなたの神、主はあなたの同胞の中から、わたしのような預言者を立てられる。あなたたちは彼に聞き従わねばならない。
		18-19	その口にわたしの言葉を授ける。彼はわたしが命じることをすべて彼らに告げるであろう。彼がわたしの名によってわたしの言葉を語るのに、聞き従わない者があるならば、わたしはその責任を追及する。（ヨハ5／46 参照）
○ **偽預言者**		22	その預言者が主の御名によって語っても、そのことが起こらず、実現しなければ、それは主が語られたものではない。

重 要 事 項	申命記		聖 書 の こ と ば
○ 木にかけられたもの	21	22-23	ある人が死刑に当たる罪を犯して処刑され、あなたがその人を木にかけるならば、死体を木にかけたまま夜を過ごすことなく、必ずその日のうちに埋めねばならない。木にかけられた死体は、神に呪われたものだからである。あなたは、あなたの神、主が嗣業として与えられる土地を汚してはならない。
○ 兄弟への思いやり	22	1 - 4	同胞の牛または羊が迷っているのを見て、見ない振りをしてはならない。ろばであれ、外套であれ、その他すべて同胞がなくしたものを、あなたが見つけたときは、見ない振りをすることは許されない。ろばまたは牛が道に倒れていたら、その人に力を貸して、助け起こさねばならない。
○ 邪淫を滅ぼす		22	男が人妻と寝ているところを見つけられたならば、男も女も共に殺して、イスラエルの中から悪を取り除かねばならない。
○ 離婚規制	24	1	妻に何か恥ずべきことを見いだしたとき、離縁状を書いて女に渡し、家を去らせる。(マタ19／7-8 参照)
		4	彼女を去らせた最初の夫は、彼女を再び妻にすることはできない。これは主の御前にいとうべきことである。主が嗣業として与えられる土地を罪で汚してはならない。
○ 人権尊重		5 -22	貧しく乏しい雇い人を搾取してはならない。賃金はその日のうちに、日没前に支払わねばならない。
○ 家族の存続	25	5 - 6	子供を残さずに死んだならば、亡夫の兄弟が、めとって妻とし、彼女の産んだ長子に死んだ兄弟の名を継がせ、名が絶えないようにしなければならない。
○ 初穂を供える時の祈り	26	1 -11	あなたの神、主の前で次のように告白しなさい。「わたしの先祖は、滅びゆく一アラム人であり、わずかな人を伴ってエジプトに下り、そこで、強くて数の多い、大いなる国民になりました。エジプト人はわたしたちを虐げ、苦しめ、重労働を課しました。わたしたちが先祖の神、主に助けを求めると、主はわたしたちの声を聞き、力ある御手と御腕を伸ばし、大いなる恐るべきこととしるしと奇跡をもってわたしたちをエジプトから導き出し、乳と蜜の流れるこの土地を与えられました。わたしは、主が与えられた地の実りの初物を、今、ここに持って参りました。」

重　要　事　項	申命記		聖　書　の　こ　と　ば
○ 契約の更新	27	9-26	イスラエルよ、静かにして聞きなさい。あなたは今日、あなたの神、主の民とされた。あなたの神、主の御声に聞き従い、今日わたしが命じる戒めと掟を行わねばならない。 「この律法の言葉を守り行わない者は呪われる。」 民は皆、「アーメン」と言わねばならない。
○ 忠実なら祝福、不忠実なら呪い	28	1-2	もし、あなたがあなたの神、主の御声によく聞き従い、今日わたしが命じる戒めをことごとく忠実に守るならば、これらの祝福はすべてあなたに臨み、実現するであろう。
		15	しかし、もしあなたの神、主の御声に聞き従わず、今日わたしが命じる戒めと掟を忠実に守らないならば、これらの呪いはことごとくあなたに臨み、実現するであろう。
○ 神が民を改心させる	30	6	あなたの神、主はあなたとあなたの子孫の心に割礼を施し、心を尽くし、魂を尽くして、あなたの神、主を愛して命を得ることができるようにしてくださる。
		14	御言葉はあなたのごく近くにあり、あなたの口と心にあるのだから、それを行うことができる。
		19	わたしは今日、天と地をあなたたちに対する証人として呼び出し、生と死、祝福と呪いをあなたの前に置く。あなたは命を選び、あなたもあなたの子孫も命を得るようにし、主につき従いなさい。
○ 七年ごとの契約更新	31	9-	モーセは、祭司および全長老に、命じて言った。 「七年目の終わり、つまり負債免除の年の定めの時、仮庵祭に、主の選ばれる場所にあなたの神、主の御顔を拝するために全イスラエルが集まるとき、あなたはこの律法を全イスラエルの前で読み聞かせねばならない。」
○ モーセの歌	32	1	天よ、耳を傾けよ、わたしは語ろう。 地よ、聞け、わたしの語る言葉を。
		4	主は岩、その御業は完全で　その道はことごとく正しい。 真実の神で偽りなく　正しくて真っすぐな方。
		6	彼は造り主なる父 あなたを造り、堅く立てられた方。

重　要　事　項	申命記		聖　書　の　こ　と　ば
		11	鷲が巣を揺り動かし　雛の上を飛びかけり 羽を広げて捕らえ　翼に乗せて運ぶように……
		43	国々よ、主の民に喜びの声をあげよ。 主はその僕らの血に報復し 苦しめる者に報復して、その民の土地を贖われる。
○ モーセの祝福	33	1	神の人モーセが生涯を終えるに先立って、イスラエルの人々に与えた祝福の言葉である。
○ モーセの死	34	6	主は、モーセをモアブの地に葬られたが、だれも葬られた場所を知らない。
		10	モーセのような預言者は再び現れなかった。主が顔と顔を合わせて彼を選び出された。

【申命記の教え】

1　本書は、イスラエルの民が共同体として体験してきた神とのかかわりの数々の出来事を一つ一つ想起している。ここでモーセは民に、何にもまして唯一の神に対する二心のない誠実と忠実を守るように呼びかけている。

モーセの教えは神から与えられた言葉によるもので、“トーラー＝命を生む道”と言われている。

(1)　イスラエルの歴史の中の第一の出来事は、神からの選びである。

何一つ選ばれる理由のないイスラエルが、ただ神の自由な計らいによって選ばれたのである。そして、その生き方によって諸国民の間に神を証する使命を与えられている。

(2) 第二の出来事は、エジプトからの脱出である。

奴隷になって追い込まれた状態にあり、まさに絶滅に直面していたイスラエルの民は、不思議に救い出され、自由を与えられ、これからは神だけに仕える民となる。

(3) 第三の出来事は、神とイスラエルの民が結んだ契約である。

主なる神は、自分を聖なる神、慈しみの神として示し、シナイ山でモーセを通してイスラエルの民と契約を結ぶ。

この契約によってイスラエルの民は、主なる神に仕える特別な民、神の聖なるものとなり、主は彼らの神として常に共にいる。

(4) 第四の出来事は、神がイスラエルの間に、実際に共に住むことを体験する。

荒れ野の40年の旅路の間、主なる神は現実にイスラエルと共にいて、守り、導き、どのようなことがあっても、神は契約を取り消すことはない。

(5) 第五の出来事は、民の反逆と神からの懲らしめ、民の悔い改めと神のゆるしが繰り返される。

40年の旅の間イスラエルは、神と結んだ契約を幾度となく破り背信を重ねる。しかし、愛と忠実を要求する神は、父親が子供を懲らしめるように民に反省を促し、モーセの執り成しにこたえて幾度もゆるし、民を見捨てることはない。

（Ⅰコリ10／1-13 参照）

2　　モーセは民に契約を想起させる。

(1) 神と契約を結んだイスラエルは、神に仕える。

○ 毎週の安息日を守る。

○ 初物をささげる。

○ 定められた時に定められた祭りを行い、いけにえをささげる。

○ 神の示す命の道に従って毎日を生きる。その道は、神の民の生活規範といえる十戒にある。

(2) 契約を守るか守らないかは各自の自由にゆだねられている。ひとりひとりの目の前に二つの道がいつも開かれている。生命への道と、滅びへの道。もし、神との契約を守るならば繁栄し、増え、乳と蜜の流れる土地を与えられ、主なる神の安息に入ることができるが、もし、守らないなら呪われ、すべてを奪われて死ぬ。そのいずれかを選ぶように迫られている。

「生命を選びなさい。」(30／19)

(3)	契約を結んだ神の民イスラエルの生き方。

○ 個人としても共同体としても、右にも左にも迷うことなく力を尽くして神を愛する。

○ 貧しい人、孤児、未亡人、他国からの寄留者、土地を持たないレビ人に対して思いやりを示す。

○ 皆神の民であり、皆昔奴隷から救い出された民であり、平等な兄弟である。

(4)	国王も例外ではなく、神の民の一員である。
(5)	イスラエルはごく少数の人を除いて、民としては契約を守らず背き続ける。しかし、神は将来、モーセのような預言者を立て（18／15）、ただイスラエルだけでなく全人類のために、計り知れない愛によって民との契約を新しくする。

3	神と契約を結んだイスラエルの民に、契約を守るための道が示される。その道に従って生きることが、諸国民への証になる。
(1)	「聞け、イスラエルよ。我らの神、主は唯一の主である。あなたは心を尽くし、魂を尽くし、力を尽くして、あなたの神、主を愛しなさい」（6／4-9）で始まる祈りを、毎日唱えるように命じられている。
(2)	初物をささげる時に唱える言葉をもって、イスラエルは自分たちのすべてのものは神からのいただき物であることを告白する（26／1-19）。
(3)	神の業を忘れることなく子供に伝えるように命じられている（4／1-40）。

「ただひたすら注意してあなた自身に十分気をつけ、目で見たことを忘れず、生涯心から離すことなく、子や孫たちにも語り伝えなさい。」（4／9）

(4)	神はイスラエルに定期的な祭りを、主の選ばれる場所で行なうことを命じられた。

○ いつの時代でも、主なる神が常にイスラエルを選び、絶えず救い出し、イスラエルと共に住んで導いていることを確信するために。

○ いつの時代でも、イスラエルは常に諸国民の中で、主なる神に仕える民、特別に主なる神に属する民として立てられていることを表すために。

○ 主の選ばれる場所で行なわれる祭りで、神と民は一つの家族として共に喜びを味わうためである。

4	本書で示されている聖書の読み方 過去・現在・未来を貫く神の救いの計画を、過去は現在と、現在は未来と分けることなく、過去・現在・未来を一つに重ね合わせて読む読み方である。

(1)	本書は、バビロン捕囚から開放されたイスラエルの民が、神の民として新しい心で再出発するようにとの呼びかけでもある。
(2)	神と結んだ契約は、単にその時代のイスラエルだけでなく、今生きているわたしたちのことなのだと繰り返し語られる。

○ モーセによるイスラエルのエジプト脱出とその一連の出来事が、同時にわたしたちの "きょう" のこととして述べられる。

　神の救いの計画は、昔（過去）も今（現在）も変わらない。

○ 契約を結んだ昔のイスラエルと同じように、二つの道がわたしたちの前にもあり、自由に、しかし真剣に生命の道を選ぶように決断を迫る。

5　申命記と同じ考え方の詩編 119

　1 ～ 8 節　主の定めを守る人は幸い。

　33 ～ 40 節　主よ、あなたのおきてを守らせてください。

　105～112 節　主のみ言葉は、わたしの道の光。

　169～176 節　主よ、わたしの叫びがみ前に届きますように。

6　創世記から申命記までの五書を一般に "モーセの五書" と言う。新約の福音書では「律法」と言われている。

《復習として考える問題》

○ 本書の中で、一番大切なことは何ですか。

ヨ シ ュ ア 記

【ヨシュア記について】

大　　　　要	ヨシュアはモーセの死後（前1200年頃）、イスラエルの民を約束の地カナンに導き入れる。しかし、カナン入国は容易ではなかった。 イスラエルの民は、ヨルダン川を渡ってからギルガルを拠点にシケムに侵入し、実際は南に北にと長い戦いの年月を経て、ようやくカナンの地に住み着いた。
成 立 時 期	約束の地カナンに関する様々な口伝が、ヨシヤ王の宗教改革（前622年）以後にまとめられ、バビロン捕囚後に整理されて現在のかたちになったと思われる。
内　　　　容	
1	本書は、多少理想化され飾られたいくつかの異なる伝承を整理してまとめているが、特に"すべての出来事は神の導きによる"ことを強調する。 神は、数々の不思議な出来事をもって、イスラエルをエジプトから救い出し、その後の旅路も守り導いてきた。今、入国に当たって民と共にいて導き、約束の地をイスラエルの手に渡す。
2	イスラエルはカナン入国に当たり「敵を滅ぼし尽くす」ように命じられる。
(1)	このような規定を神が命じられるのかと、現代のわたしたちは疑問を抱くが、実際のイスラエルは、地元の人々と妥協したり、地元の迷信や偶像に対してもそれほど厳格ではなかった。滅ぼすどころかむしろカナン人との平和共存を図り、"滅ぼし尽くし"てささげるべきことに対して不誠実であった。
(2)	本書をまとめた人々は、神の民である自分たちが、バビロンの捕囚となって暮らしている現状を反省し、この「敵を滅ぼし尽くす」規定の真意を悟り、すべての迷信と神格化された皇帝や堕落した宗教を拒否し、妥協することなく唯一の主なる神への全面的な忠実の決意を本書によって表している。
3	ヨシュアは、イスラエルの全部族をシケムに集め、同盟契約を結んだ。 モーセの指導の下にシナイを通った人たち、エジプトに行かなかったアブラハムとヤコブの子孫、エジプトから直接帰国したイスラエルの人たちが参加した。ここで民は、"イスラエル"として統一され、シナイ山でモーセに語りかけられた主なる神を認め、その神との契約を更新した。これは、重大な出来事である。

4			占領後、イスラエルは、ギルガル、シロ、シケムに礼拝の場を設けた。

区　　　分	1章～12章	ヨルダン川を渡り、約束の地に入る。
	13章～21章	カナンの土地の分配。
	22章～24章	ヨシュアの遺言とシケムの同盟契約。

【主　要　点】

重　要　事　項	ヨシュア		聖　書　の　こ　と　ば
○ 約束の地に渡る命令	1	9	「うろたえてはならない。おののいてはならない。あなたがどこに行っても、主は共にいる。」
○ イスラエル、ヨルダン川を渡る	3	15	契約の箱を担ぐ祭司たちの足が水際に浸ると、川上から流れてくる水は、はるか遠くの隣町アダムで壁のように立った。
十二の石	4	20	ヨルダン川から取った十二の石をギルガルに立てた。
割礼	5	8-9	民は全員割礼を受けた。主はヨシュアに言われた。「今日、わたしはあなたたちから、エジプトでの恥辱を取り除いた。」
過越祭		10	イスラエルの人々は、その月の十四日の夕刻、エリコの平野で過越祭を祝った。
マナが絶える		12	彼らが土地の産物を食べ始めたその日以来、マナは絶えた。
天使の励まし		15	「あなたの立っている場所は聖なる所である。」
○ エリコの占領	6	3-4	町の周りを回りなさい。町を一周し、それを六日間続けなさい。七日目には、町を七周し、祭司たちは角笛を吹き鳴らしなさい。
		20-21	角笛が鳴り渡ると、民は鬨の声をあげた。城壁が崩れ落ち、民はそれぞれ、その場から突入し、この町を占領し、町にあるものはことごとく滅ぼし尽した。
ラハブの家		25	遊女ラハブとその一族、彼女に連なる者はすべて、ヨシュアが生かしておいた。

重　要　事　項	ヨシュア		聖　書　の　こ　と　ば
○ 滅ぼし尽くしてささげる	7	1-13	イスラエルは罪を犯し、わたしが命じた契約を破り、滅ぼし尽くしてささげるべきものの一部を盗み取り、ごまかして自分のものにした。
○ エバル山の祭儀	8	30	ヨシュアはエバル山にイスラエルの神、主のための祭壇を築いた。
		34	ヨシュアは、律法の言葉すなわち祝福と呪いを、律法の書に記されているとおりに読み上げた。
○ カナンの先住民に対して　ギブオン人の計略	9	6	「わたしたちは遠い国から参りました。どうか今、わたしたちと協定を結んでください」
		14	主の指示を求めずに、彼らと和を講じ、協定を結び指導者たちもその誓いに加わった。
イスラエルの勝利	10	14	主がこの日のように人の訴えを聞き届けられたことは、後にも先にもなかった。主はイスラエルのために戦われたのである。
ハツォルの占領	11	10-11	ハツォルを占領し、火で焼いた。
ヨシュアの忠実		12	ヨシュアは他の王の町々をすべて占領し、これを滅ぼし尽くしたが、ヨシュアが焼き払ったのはハツォルだけであった。
カナン征服の労		18	ヨシュアとこれらすべての王たちとの戦いは長い年月にわたった。
戦いの終わり		23	ヨシュアは、この地方全域を獲得し、すべて主がモーセに仰せになったとおりになった。ヨシュアは、それをイスラエルに各部族の配分に従って嗣業の土地として与えた。この地方の戦いは終わった。
○ 土地の分配	13-19		
	13	6	「わたしは、イスラエルの人々のために、彼らすべてを追い払う。あなたは、それをイスラエルの嗣業の土地として分けなさい。」
		14	レビ族には嗣業の土地は与えられなかった。
	14	5	イスラエルの人々は、土地を割り当てるにあたって、主がモーセに命じられたとおりにした。
○ シロの礼拝の場	18	1	イスラエルの人々の共同体全体はシロに集まり、臨在の幕屋を立てた。
○ 逃れの町	20	2-4	そこは、血の復讐をする者からの逃れの場所になる。（民35／9-34 参照）

重 要 事 項	ヨシュア		聖 書 の こ と ば
○ 主の約束の実現	21	43-45	主がイスラエルの家に告げられた恵みの約束は何一つたがわず、すべて実現した。
○ ヨシュアの最後の戒め	23	6	「右にも左にもそれることなく、モーセの教えの書に書かれていることをことごとく忠実に守りなさい。」
○ シケムでヤコブの十二部族の 　同盟契約	24	1	ヨシュアは、イスラエルの全部族をシケムに集め、呼び寄せ、彼らが神の御前に進み出ると告げた。
		17	「わたしたちの神、主は、わたしたちとわたしたちの先祖を、奴隷にされていたエジプトの国から導き上り、わたしたちの目の前で数々の大きな奇跡を行い、わたしたちを守ってくださった方です。」
		23	「あなたたちのもとにある外国の神々を取り除き、イスラエルの神、主に心を傾けなさい」
		24	「わたしたちの神、主にわたしたちは仕え、その声に聞き従います。」
		25	その日、ヨシュアはシケムで民と契約を結び、彼らのために掟と法とを定めた。
		26-27	ヨシュアは、これらの言葉を神の教えの書に記し、次いで、大きな石を取り、主の聖所にあるテレビンの木のもとに立て、民全員に告げた。「見よ、この石は、あなたたちが神を欺くことのないように、あなたたちに対して証拠となる。」

【ヨシュア記の教え】

1　　(1)　　主なる神は不思議を行ない続け、忠実であったイスラエルに約束された土地を与えた。神から与えられたこの土地に、イスラエルが定着し住み続けることができるのは、神の民となったイスラエルが日常生活において、モーセによって与えられたトーラーの教えを忠実に守ることが条件である（23／1-16, 申30／15-20参照）。

　　　　　　神はこのようにして、アブラハムとの約束を成就していく。

(2) | 約束の地の入口にあるエリコの町を征服した出来事は、イスラエルの民が、豊かな約束の地に入るためには、どうしても通らなければならない城壁のような障害のあることを象徴的に表している。しかし、民が信仰を持って神の導きに信頼し、祈りのうちに進むならば、どのように守りの固い城壁や障害も征服できることを教える（民13／1-33, マタ4／1-11参照）。

2 | シケムで同盟を結ぶ。
イスラエルはシケムで、唯一の神ヤーウェへの信仰を基盤にして一つの民となった。そしてアブラハムの子孫としての意識を確認し、同じ唯一の神を礼拝する決意を表し、以後モーセの教えを守ることを宣言したのである。

3 | イスラエルは、エバル山でもシケムでも、祭儀を行なっていた。
(1) | 神がどれほど多くの不思議をもって自分たちの歩いてきた道を守り導いていたかを改めて思い起こし、神に賛美と感謝の祈りをささげ、また供え物をささげている。そしてイスラエルは、これからも唯一の主なる神を自分たちの神とする決意を、この祭儀において表明する。
(2) | この祭儀の中に、現在の典礼にある信仰宣言や、ことばの祭儀などの原型を見いだすことができる（8／30-35, 18／1, 申27／11-26, 王下23／1-3 参照）。

4 | 本書が語るように、イスラエルを導いた神は、イスラエルが将来どのような試練に出会うことがあっても、また、たとえ忠実でなかったとしても、このヨシュアの時代と同じように、決してイスラエルを見捨てることはしない。

5 (1) | ヨシュアは、イエス・キリストを前もって示している。
ヨシュアがイスラエルの民を約束の地カナンに導き入れたように、ヨシュアと同じ名前だといわれているイエス・キリストは、神の民を神の国に導き入れる。「わたしの国は、この世には属していない。」（ヨハ18／36, マタ26／53参照）
(2) | ヨルダン川を渡った出来事は、信仰宣言をして洗礼を受け、神の民に加えられる洗礼の秘跡を前もって表している。
(3) | カナンは神の国を表し、入国のための戦いは続く。

士　師　記

大　　　要	イスラエルの民が約束の地に入ったことを語るヨシュア記に続く本書では、ヨシュア以後の150年間、神に対してあまり忠実ではなかったイスラエルの民の、労苦に満ちた生活が述べられる。
成　立　時　期	バビロン捕囚の前後の時代に、それまでの口伝が整理されて本書になったと思われる。 イスラエルが一つの国としてまとまる前の時代に、ごく限られた地方で、数年あるいは数十年間士師となった人物の物語で、時代も場所もそれぞれで、まとまりはない。
内　　　容	
1	約束の地カナンに入ったイスラエルは、そこで宗教や風俗の異なる人々と出会い、やむを得ずそれらの人々と共存することになり、地元のカナン人の拝んでいたバアルやアシェラ、アシュトレトの偶像崇拝に心をひかれ傾いていく。 そこで主なる神は、民を戒めるために圧迫や試練に遭うままにまかせられる。 イスラエルは敗北を味わうと後悔し、改心して神を呼び求め、神は民を救う士師を民の中から選んで立てる。 士師たちの活躍した間、いつもこのようなことが繰り返されている。
2	士師たちは神から遣わされて、イスラエルの民を励まし、援助し、敵から救って解放する。あるいは、主なる神の道に立ち戻らせ、神に代わって民を裁く者として活躍する。しかし、手段や方法は道徳的とはいえないものもある。 本書には、名前だけ出る士師もあり、長い話の伝えられている士師もある。
3	人間の争いや戦いの歴史を、イスラエルが正しい信仰を保ち、神に忠実であったかどうかという立場でまとめた後の時代の人々は、事実を粉飾したり、誇張したりもしているようである。
4	本書では、主なる神がいかに忍耐強く民を導き、民に忠実をいかに厳しく求めるお方であるかが述べられる。同時に、士師として立てられた当時の英雄たち

が、彼ら自身が意識したか否かにかかわらず、神の計画の実現のために、どのように協力したかも伝えている。

その時代、イスラエルには王がなく、各自は思うままにふるまっていたので、民はイスラエルを統一する国王のような指導者を、次第に必要とするようになる。

区　　　分	1章〜3章6節	イスラエルの状況。
	3章7節〜16章	士師十二人の活躍。
	17章〜18章	ダン族の移動とダンの礼拝の場。
	19章〜21章	ベニヤミン族の犯行。

【主　要　点】

重　要　事　項	士師記		聖　書　の　こ　と　ば
○ カナン人との共住	1	28	イスラエルも、強くなってから、カナン人を強制労働に服させたが、徹底的に追い出すことはしなかった。
○ **イスラエルの反逆と士師の使命**	2		
主に背くイスラエル		11	イスラエルの人々は主の目に悪とされることを行い、バアルに仕えるものとなった。
敵の手に渡される		14	主はイスラエルに対して怒りに燃え、彼らを略奪者の手に任せて、周りの敵の手に売り渡された。
士師が立つ		16	主は士師たちを立てて、彼らを略奪者の手から救い出された。
罪を繰り返すイスラエル		19	その士師が死ぬと、彼らはまた先祖よりいっそう堕落して、他の神々に従い、これに仕え、ひれ伏し、その悪い行いとかたくなな歩みを何一つ断たなかった。

重　要　事　項	士師記		聖　書　の　こ　と　ば
イスラエルの試練		22	「彼らによってイスラエルを試し、先祖が歩み続けたように主の道を歩み続けるかどうか見るためである。」
○ オトニエルがアラムを平定する	3	9 -	イスラエルの人々が主に助けを求めて叫んだので、主はイスラエルの人々のために一人の救助者を立て、彼らを救われた。これがオトニエルである。
		11	国は四十年にわたって平穏であった。
○ エフドがモアブを平定する		14-15	イスラエルの人々は、十八年間、モアブの王エグロンに仕えなければならなかった。イスラエルの人々が主に助けを求めて叫んだので、主は彼らのために一人の救助者を立てられた。エフドである。
○ デボラとバラク	4	7	「キション川に（敵を）集結させ、お前の手に渡す。」
		21-23	ヘベルの妻ヤエルは、彼（ヤビン）のこめかみに釘を打ち込んだ。神はその日、カナンの王ヤビンをイスラエルの人々の前で屈服させてくださった。
○ **デボラの歌**	5	1-31	主よ、あなたの敵がことごとく滅び、主を愛する者が日の出の勢いを得ますように。（詩83参照）
○ **ギデオン**	6	1	イスラエルの人々は、主の目に悪とされることを行った。主は彼らを七年間、ミディアン人の手に渡された。
		25	「あなたの父のものであるバアルの祭壇を壊し、その傍らのアシュラ像を切り倒せ。」
	7	7	主はギデオンに言われた。「手から水をすすった三百人をもって、わたしはあなたたちを救い、ミディアン人をあなたの手に渡そう。」
王を望むイスラエル	8	23	「わたしはあなたたちを治めない。息子もあなたたちを治めない。主があなたたちを治められる。」
○ ギデオンの子ら	9		
王位を望むアビメレク		5	彼（アビメレク）は父の家に来て、自分の兄弟であるエルバアルの子七十人を一つの石の上で殺した。末の子ヨタムだけは身を隠して生き延びた。
実を結ばない茨のたとえ		8	「木々が、だれかに油を注いで、自分たちの王にしようとした。」
アビメレクの死		53	一人の女がアビメレクの頭を目がけて、挽き臼の上石を放ち、頭蓋骨を砕いた。

重要事項	士師記		聖書のことば
○ **エフタとその娘**	11	3	エフタのもとにはならず者が集まり、彼と行動を共にするようになった。
		29-	主の霊がエフタに臨んだ。エフタは主に誓いを立てて言った。「戦いから無事に帰るとき、わたしの家の戸口からわたしを迎えに出て来る者を主のものとし、焼き尽くす献げ物といたします。」
○ **サムソン**	13	3 - 5	主の御使いが彼女に現れて言った。「あなたは不妊の女で、子を産んだことがない。だが、身ごもって男の子を産むであろう。その子は、ナジル人として神にささげられているので、ペリシテ人の手からイスラエルを解き放つ先駆者となろう。」
	16	4	サムソンはデリラという女を愛するようになった。
偶像ダゴンを倒す		30	サムソンは力を込めて（柱を）押した。建物は、そこにいたすべての民の上に崩れ落ちた。
○ 統一体制のないイスラエル	17	6	そのころイスラエルには王がなく、それぞれが自分の目に正しいとすることを行っていた。
○ ダンの聖所	18	29	その町を、先祖の名にちなんで、ダンと名付けた。
		31	神殿がシロにあった間、ずっと彼らはミカの造った彫像を保っていた。
○ ベニヤミン族の犯行	19	30	イスラエルの人々がエジプトの地から上って来た日から今日に至るまで、このようなことは決して起こらず、目にしたこともなかった。（創19／1-29参照）
	21	16-	ベニヤミンに生き残る者を得させ、イスラエルから一つの部族も失われないようにしなければならない。
○ 混乱するイスラエル		25	そのころ、イスラエルには王がなく、それぞれ自分の目に正しいとすることを行っていた。

【士師記の教え】

1　イスラエルと契約を結んだ神は、どんなことがあっても忍耐強くねたみ深いほどの愛をこめてイスラエルを愛し続けている。また、民と結んだ契約も守り続けている。しかしイスラエルは、契約を守らず、神から離れたり、神を無視して不幸に陥ってしまう。

神は、民をそこから救いだすために、士師たちを立てて神に立ち戻るように導き、人の力だけでは生きられないことを教える。

神に立てられた士師たちは、神の霊に動かされて、イスラエルを解放する。

2　地元の人々の拝んでいる豊饒と繁殖のバアル、アシェラ、アシュトレトの偶像に憧れ、その祭壇で人間をいけにえにしたり、子供を火に通すカナン人の風習がイスラエルの間でも行なわれる。この悪習は根絶できず、いつまでも残った。

3　物質的に豊かなカナン人や、優れた文化をもつペリシテ人たちの中で生きるイスラエルの民は、今の世の中にある教会の姿にも似ている。イスラエルの民も現在の教会も世の中のあらしや荒波に打たれながら、たとえ少数であっても、地の塩、世の光となって使命を果たす。

4　神はあらゆる人物や出来事をもって、ときにはふさわしく思えない人を使ってでも、救いの計画を実現していく。

(1)　ヤエルの場合のように、道徳的とはいえない行為でも、イスラエルの解放に役立てている。

(2)　サムソンは神の恵みに支えられている間は強いが、本来は弱くてもろい。

誕生を特別に告げられて生まれたサムソンの人生には、いろいろなことがあり、必ずしも立派な人とはいえないが、士師となって活躍している。

この矛盾してみえるサムソンの一生の中に、イスラエルの全歴史が、ある意味で凝縮されて語られている。

(3)　信仰のない環境から選ばれたギデオンは、悪霊に惑わされるのを警戒して、しるしを求める。そして、神の選びであることを確かめてからは、神の霊に導かれるままに従い、武器とはいえない物を、命じられたとおりに武器として使い、敵に勝つ。

(4)　イスラエルは、女性の士師デボラやヘベルの妻ヤエルによっても救われる。

(5)　エフタは士師として選ばれた人ではあるが、イスラエルでは禁じられていた

		人をいけにえとする誓願を立てたので、娘をいけにえにする結果となった。
(6)		救いは神から来る。

神は約束を実現し続ける。人間側のどんな事情からも制約を受けることはない。「神は知恵ある者に恥をかかせるため、世の無学な者を選び、力ある者に恥をかかせるため、世の無力な者を選ばれました。また、神は地位のある者を無力な者とするため、世の無に等しい者、身分の卑しい者や見下げられている者を選ばれたのです。それは、だれ一人、神の前で誇ることがないようにするためです」（Ⅰコリ1／27-29）。

5 士　師

(1) オトニエル（1／9-13, 3／7-11）　ユダ族出身。

(2) エフド（3／12-30）　ベニヤミン族出身。

(3) シャムガル（3／31）

(4) デボラ（4／1-5／31）　エフライム族出身。

　　　　（共にバラクとヤエルが活躍）

(5) ギデオン（6／1-8／35）　マナセ族出身。

(6) トラ（10／1-2）　イサカル族出身。

(7) ヤイル（10／3-5）　マナセのギレアド出身。

(8) エフタ（10／6-12／7）　マナセのギレアド出身。

(9) イブツァン（12／8-10）　ユダ族出身。

(10) エロン（12／11-12）　ゼブルン族出身。

(11) アブドン（12／13-15）　エフライム族出身。

(12) サムソン（13／1-16／31）　ダン族出身。

ル　ツ　記

【ルツ記について】

大　　　要	モアブの女性ルツを主人公に、士師の時代を背景にした小さな物語である。 神のあわれみは異邦人にも及ぶことが述べられる。 将来、王となるダビデが、その子孫から生まれる。
成 立 時 期	本書が書かれたのは捕囚後であろう。 律法学者エズラの宗教改革後、イスラエルは偏狭で極端な選民思想に走る傾向にあった。しかし、異邦人との結婚を禁じるなどの極端を制御し、均衡を取り戻そうとする意図も本書には含まれているようである。（エズ9／1-10／44, ネヘ13／23-31参照）

【主　要　点】

重　要　事　項	ルツ記		聖　書　の　こ　と　ば
○ 異邦人の信仰	1	16	ルツは言った。「わたしは、あなたの行かれる所に行き、お泊まりになる所に泊まります。あなたの民はわたしの民、あなたの神はわたしの神。」
○ 思いやり	2	3	ルツは出かけて行き、ボアズの畑で落ち穂を拾った。
		12	「イスラエルの神、主がその御翼のもとに逃れて来たあなたに十分に報いてくださるように。」
○ ダビデ王の先祖	4	13	ルツはボアズの妻となり、男の子を産んだ。
		17	その子をオベドと名付けた。オベドはエッサイの父、エッサイはダビデの父である。

【ルツ記の教え】

1　モアブ出身のルツは、選ばれた民イスラエルの中に受け入れられた上に、ダビデ王の先祖の一人に数えられている。このように、だれでも神に信頼する者に神はこたえ、神のあわれみは異邦人にも及ぶ。

2　本書では、家庭内での思いやりや奉仕の精神の大切さが述べられ、女性も重んじられている。

3　ボアズがルツを引き取るとき、履物を脱いで取り決め、申命記の教えを履行している（申25／5-10 参照）。

4　この物語の中心は、忠実をたたえることである。
　神に対する忠実、律法に対する忠実がナオミとルツの決断やボアズの対応に示されている。それは、神がイスラエルと結んだ契約を必ず守ることの確信であり、神もまた、どんなことがあっても忠実な者に祝福をもって報いる。

5　登場する人物のそれぞれの名前にも意味がある。
　エリメレクは、わたしの神は王。
　マフロンは、病。
　キルヨンは、弱み。
　ルツは、なぐさめる友。
　ナオミは、快い・かわいい。
　マラは、苦い。
　ボアズは、力ある者。
　オベドは、主のしもべ。
　オルパは、首をまわす者、振り向く者。

サ ム エ ル 記

【サムエル記について】

大　　要	混乱していた士師時代に次いで、やがて民族としても国としても力を増してきたイスラエルは、周囲の国々に抵抗し、力の結集を図るためにも王を立てる必要を感じ、王制を確立していく。
成 立 時 期	捕囚の前後に少しずつまとめられたようであるが、それまでに、いくつかの口伝集のあったことも知られている。 本書の一番古いヘブライ語の写本は、古いために読みにくく、翻訳での言葉のずれが生じやすいといわれてきた。しかし、古いだけに、その時代の社会状況や風習や事件などを伝える貴重な歴史的資料でもある。 サムエルの名が本書に付けられたのは、王に油を注ぐ役割が重要視されていたイスラエルで、サムエルが最初の王に油を注いだからである。
内　　容	本書には、同じ事柄でも内容の少し違うものが並列されている。 それはイスラエルが南北に分裂した後の口伝集によるからで、王制に賛成する者、反対する者の影響を受けて、幾つかの食い違いが生じた。 本書で、サムエル、サウル、ダビデの三人物像が浮き彫りになっている。
1	サムエル サムエルはイスラエルの最後の士師であり、同時に祭司、預言者である。
(1)	サムエルの生涯は、幼年時代から死ぬまで、神の望みを果たそうとする心構えに貫かれている。神に忠実な人だと聖書は語る。
(2)	サムエルは神の計画の成就のために、イスラエルの歴史に重大な影響を及ぼす貴重な道具となって働いた。
(3)	サムエルの母ハンナは信仰深い人であった。ハンナが神殿でささげた祈りの一部は、後にキリストの母マリアのささげた "マニフィカト" と言われるマリアの歌の中にある（ルカ 1／46-50 参照）。
2	サウル サウルは神に選ばれ、サムエルから油を注がれたイスラエルの最初の王である。
(1)	「神はあなたと共におられる」（上10／7）「神はあなたから離れ敵となられた」（上28／16）とあるように、サムエルがサウルに言ったこの二つの言葉の間に、

サウル王の活躍期間がある。

サウルを王として支持したのは、イスラエルの全部族ではなくベンヤミン族と北の一部の人たちだけのようである。

(2) 王になった後のサウルは、目前の仕事に心を奪われてしまい、神への従順や信頼は揺らぎ、神の霊はサウルから去り、ついに神から捨てられて王位を失う。

3 *ダビデ*

エッサイの子ダビデもサムエルから油を注がれて、イスラエルの第二代目の王となる。

(1) 少年時代に油注がれたダビデは、神の霊を受けて成長し、神に直接導かれていた。敵と戦って危険に遭遇しながらも勝利を得て、まずユダ族を中心にした南を治め、次第にヨセフ族を中心にしたイスラエル北部に住む部族の支持も受けて、イスラエル王国としての統一を果たす。

(2) 首都をエルサレムに定め、契約の箱を移した後、神殿建立を計画したが、その実現は子のソロモンが引き継いだ。

(3) 神は、預言者ナタンによって、ダビデとその子孫に永遠の王位を約束する。

(4) ダビデ王は、イスラエルに平和と繁栄をもたらし、40年間イスラエルを治めた。

区　　分	上1章〜7章	サムエル。
	8章〜15章	サムエルとサウル。
	16章〜31章	サウルとダビデ。
	下1章〜10章	ダビデ王の全盛期。
	11章〜20章	ダビデの失敗と苦労。
	21章〜24章	ダビデの言葉。
		人口調査など。

【主　要　点】

重　要　事　項	サムエル		聖　書　の　こ　と　ば
○ **妻への尊敬**	上1	8	「ハンナよ、なぜ泣くのか。このわたしは、あなたにとって十人の息子にもまさるではないか。」
○ ハンナの祈り		9-12	ハンナは立ち上がった。悩み嘆いて主に祈り、主の御前で長く祈った。
○ サムエルの誕生		19	主は彼女を御心に留められ、ハンナは男の子を産んだ。その名をサムエルと名付けた。
○ **ハンナの賛歌**	2	1-10	「主にあってわたしの心は喜び、御救いを喜び祝う。聖なる方は主のみ。主は命を絶ち、また命を与え、低くし、また高めてくださる。」
○ **サムエルの召命**	3	10	サムエルは（主に）答えた。「どうぞお話しください。僕は聞いております。」
○ 神を利用する	4	3	「契約の箱を運んで来よう。そうすれば、主が敵の手から救ってくださるだろう。」
○ ペリシテ人との戦い		10-11	イスラエル軍は打ち負かされ、神の箱は奪われ、エリの二人の息子は死んだ。
○ 偶像との戦い	5	4	ダゴンはまたも主の箱の前の地面にうつ伏せに倒れていた。
		11	町全体が死の恐怖に包まれ、神の御手はそこに重くのしかかっていた。
	7	1-3	主の箱がキルヤト・エアリムに安置された日から、二十年を経た。サムエルはイスラエルの家の全体に対して言った。「あなたたちが心を尽くして主に立ち帰るというなら、主はあなたたちをペリシテ人の手から救い出してくださる。」
○ **民が王を要求する**	8	5	イスラエルの長老は集まり、サムエルに申し入れた。「ほかのすべての国々のように、我々のために裁きを行う王を立ててください。」
		6	彼らの言い分は、サムエルの目には悪と映った。
○ **サウルが王になる**	10	1	サムエルは油の壺を取り、サウルの頭に油を注ぎ、彼に口づけして、言った。「主があなたに油を注ぎ、御自分の嗣業の民の指導者とされたのです。」
		7	「神があなたと共におられるのです。」

重　要　事　項	サムエル		聖　書　の　こ　と　ば
	11	15	民は全員でギルガルに向かい、そこでサウルを王として主の御前に立てた。
○ 神こそ王	12	12	あなたたちの神、主があなたたちの王である。
○ サウルの不信仰	13	13	サムエルはサウルに言った。「あなたは愚かなことをした。あなたの神、主がお与えになった戒めを守っていれば、主はあなたの王権をイスラエルの上にいつまでも確かなものとしてくださっただろうに。」
	15	10-11	主の言葉がサムエルに臨んだ。「わたしはサウルを王に立てたことを悔やむ。彼はわたしに背を向け、わたしの命令を果たさない。」
○ 王位を失う		26	サムエルはサウルに言った。「あなたが主の言葉を退けたから、主はあなたをイスラエルの王位から退けられたのだ。」（上13／1-23, 15／1-35, 28／1-25 参照）
○ ダビデ 　主の霊を受ける	16	12-	彼（ダビデ）は血色が良く、目は美しく、姿も立派であった。サムエルは、兄弟たちの中で彼に油を注いだ。その日以来、主の霊が激しくダビデに降るようになった。
ダビデがゴリアトに勝つ	17	45	ダビデは言った。「わたしは、万軍の主の名によってお前に立ち向かう。」
		50	ダビデは石投げ紐と石一つでこのペリシテ人に勝ち、彼を撃ち殺した。
ヨナタンとの友情	18	3	ヨナタンはダビデを自分自身のように愛し、彼と契約を結んだ。
サウルの敵意		12	主はダビデと共におられ、サウルを離れ去られたので、サウルはダビデを恐れた。
ダビデの逃亡	19	1	サウルは、ダビデを殺すようにと命じた。
供え物のパンを食べる	21	7	祭司は聖別されたパンをダビデに与えた。（マタ12／3参照）
ダビデのもとに集まる人々	22	2	困窮している者、負債のある者、不満を持つ者も皆彼のもとに集まった。
エン・ゲディの洞窟	24	7	「わたしの主君であり、主が油を注がれた方に、わたしが手をかけるのを、主は決してゆるされない。」
○ サムエルの死	25	1	全イスラエルは集まり、彼を悼み、ラマに葬った。

重　要　事　項	サムエル		聖　書　の　こ　と　ば
○ サウルは口寄せに聞く	28	11	サウルは「サムエルを呼び起こしてもらいたい」と頼んだ。
		16	サムエルは言った。「なぜわたしに尋ねるのか。主があなたを離れ去り、敵となられたのだ。」
○ サウル王の死	31	1	ペリシテ軍はイスラエルと戦い、イスラエル兵はペリシテ軍の前から逃げ去り、傷ついた兵士たちがギルボア山上で倒れた。
		6	この同じ日に、サウルとその三人の息子、従卒、更に彼の兵は皆死んだ。
		10	（ペリシテ人は）サウルの武具をアシュトレト神殿に納め、その遺体をベト・シャンの城壁にさらした。
○ 哀悼の歌	下1	12	彼ら（ダビデと共にいた者）は、剣に倒れたサウルとその子ヨナタン、そして主の民とイスラエルの家を悼んで泣き、夕暮れまで断食した。
		17	ダビデはサウルとその子ヨナタンを悼む。
○ 南部ユダの王ダビデ	2	4	ユダの人々は（ヘブロンに）来て、ダビデに油を注ぎ、ユダの家の王とした。
		11	王としてヘブロンにとどまった期間は七年六か月であった。
○ 南部ユダと北部イスラエルの対立		17	激しい戦いが続き、アブネルとイスラエルの兵がダビデの家臣に打ち負かされた。
○ ダビデが全イスラエルの王となる	5	3	イスラエルの長老たちは全員、ヘブロンに来た。ダビデ王は彼らと契約を結んだ。
		5	ダビデは、七年六か月の間ユダを、三十三年の間エルサレムでイスラエルとユダの全土を統治した。
○ 首都エルサレム		7-10	ダビデはシオンの要害を陥れた。これがダビデの町である。ダビデは次第に勢力を増し、万軍の神、主は彼と共におられた。（詩78／70-72 参照）
○ 契約の箱がエルサレムに運ばれる	6	17	人々が主の箱を運び入れ、ダビデの張った天幕の中に安置すると、ダビデは献げ物をささげた。
○ ナタンの預言	7	2	「わたしはレバノン杉の家に住んでいるが、神の箱は天幕を張った中に置いたままだ。」
		11-12	「主があなたのために家を興す。その王国を揺るぎないものとする。」（詩89参照）

重 要 事 項	サムエル		聖 書 の こ と ば
○ ダビデの支配	8	15	ダビデは王として全イスラエルを支配し、その民すべてのために裁きと恵みの業を行った。
○ ダビデとウリヤの妻	11	2	ダビデは屋上から、一人の女が水を浴びているのを目に留めた。バト・シェバで、ウリヤの妻であった。
○ 貧しい人の羊のたとえ	12	4	「彼は、自分の羊や牛を惜しみ、貧しい男の小羊を取り上げて、自分の客に振る舞った。」
		10	「それゆえ、剣はとこしえにあなたの家から去らないであろう。」
○ ダビデは罪を認める		13	「わたしは主に罪を犯した。」（詩51参照）
○ ダビデの子らの争い	13	21	ダビデ王は事の一部始終を聞き、激しく怒った。
		32	「殺されたのはアムノン一人。アブサロムは、妹タマルのあの日以来、これを決めていた。」
		34	アブサロムは逃亡した。
○ アブサロムの反逆	15	10-	「アブサロムがヘブロンで王となった」ダビデは言った。「直ちに逃れよう。アブサロムを避けられなくなってはいけない。」
		30	ダビデは頭を覆い、はだしでオリーブ山の坂道を泣きながら上って行った。
	18	5	ダビデは命じた。「若者アブサロムを手荒には扱わないでくれ。」
		9	アブサロムが家臣に出会ったとき、彼の頭が樫の木にひっかかり、彼は天と地の間に宙づりになった。乗っていたらばはそのまま走り過ぎてしまった。
	19	1	ダビデは身を震わせ、城門の上の部屋に上って泣いた。「わたしの息子よ、わたしがお前に代わって死ねばよかった。」
○ ダビデの感謝の歌	22	3	わたしの神、大岩、避けどころ わたしの盾、救いの角、砦の塔。
○ ダビデの最後の言葉	23	5	神と共にあってわたしの家は確かに立つ。 神は永遠の契約をわたしに賜る。
○ ダビデの人口調査	24	2	「イスラエルの全部族の間を巡って民の数を調べよ。民の数を知りたい。」
○ アラウナの麦打ち場を買う		18-25	ダビデは、そこに主のための祭壇を築き、焼き尽くす献げ物と和解の献げ物をささげた。

【サムエル記の教え】

1　　イスラエルの王は、神ご自身である。

(1)　イスラエルは、当時の近隣諸国と同じように指導者としての王を望んだ。
しかし、神の民イスラエルの王は、一人の人間ではなく、神ご自身であるから、
人間の国王を立てることに賛成する者と反対する者とが初めからあり、まとまっ
てはいなかった。

(2)　イスラエルで王となる者は、神の代行者であり、神の望みを実現するために民
の上に立ち、民を治める者である。特に、神との契約とモーセの教えを民に守
らせる使命をゆだねられている。同時に王も神に忠実でなければならない。

(3)　聖書で王は「油を注がれた者」といわれ、ヘブライ語で「メシア」、ギリシア
語で「キリスト」といわれる。

2　　神は預言者ナタンによってダビデに告げる。「ダビデから出る子孫に跡を継が
せ、その王国を揺るぎないものとする。」

(1)　この約束を、後のイスラエルの人たちは、神とアブラハムとの約束の成就を示
すしるしとして受け取り、理想化して解釈するようになる。将来、イスラエル
は他の国々を支配し、繁栄して永久に続くことを希望し、大きな期待を持つよ
うになる。そしてダビデ王には聖書に書き記されているような過ちがあっても、
理想の王、将来のメシアの姿を見ている。

(2)　ダビデは、ウリアの妻の事件後、ナタンに言われるまでは何とか自分自身をご
まかそうとしている。しかし、戒められたとき、自分の罪を自覚し、事実を認
めて罪の責任を受ける覚悟をする。そして神に向かってゆるしを求め、清めら
れ、再び神の霊に導かれるように祈り求める（詩51参照）。

3　　ダビデはエルサレムに首都を定め、"主のみ名が置かれる所" として神の箱を
エルサレムに運んだ。こうしてエルサレムは、民の心を一つに結ぶイスラエル
全体の中心となり、将来すべての民が集められる場所になる（申12／5参照）。

4　　この時代からイスラエルの中で、預言者たちの活躍が始まる。

(1)　国が繁栄すれば国民の生活は豊かになるが、一方、神を忘れて生きる者たちが
増えてくる。そこで預言者は、民に神の言葉を想起させ、戒める。

(2)　国王や金持ち、政治家、宗教家たちに、特に最高責任者である国王に向かって
神との契約を守るように訴える。

5	ダビデを通して示される前表
(1)	ダビデは、メシアであるキリストの前表。
	王としては、神の民の王であるキリストの前表である。
	ダビデが王として支配する国は、将来キリストが告げる「神の国」の前表であり、「神の国」は、この地上でも、国土でもない。
(2)	神の箱（契約の箱）は、神が共におられるしるしである。
(3)	アブサロムの反逆（下15／1-）は、教会の中の分裂、争い、不和を示す。
(4)	アブサロムに追われ、オリーブ山への道を泣きながら歩くダビデの苦悩と悲しみには、ご受難のキリストの姿が示されている（下15／30）。
(5)	ダビデはアブサロムを追う将軍たちに、「若者アブサロムを手荒には扱わないでくれ」と頼む。また、ダビデはアブサロムを失って激しく泣く。ここには、わが子イエスに対する父なる神の心、心痛がある（下18／5, 18／19 -19／1参照）。
(6)	アブサロムの死の様子はキリストの死の様子を物語る（下18／9, 14, マタ21／37参照）。
6	本書の内容と関連する詩編
	詩編　18　　敵から救い出された感謝の歌。
	89　　主の変わらない慈しみをたたえる。
	122　　エルサレムに上る喜び。
	132　　行列して神殿に入る。

列　王　記

【列王記について】

大　　要	エルサレムが繁栄していたダビデ王の晩年から、エルサレムの滅亡と王制の崩壊に至るまでの410年間の、断片的ではあるが歴史的な出来事を述べている。
成 立 時 期	その時代にエルサレムで書き残されたいくつかの歴史的資料があり、捕囚時代にそれが補足され、捕囚後、現在のかたちに成立したと思われる。
内　　容	
1	列王記は、その時代の出来事が述べられている歴史性をもつ書物であるが、申命記と同じ宗教的観点に立って記されているので、ダビデ王家をすべての中心にしている著者たちは、ダビデ家と縁のない北の王たちには批判的である。
(1)	イスラエルの民は、エルサレムの"主の名の置かれた場所"で神を礼拝する限り、平和で繁栄する。
(2)	しかし、イスラエルは本来頼るべき神をないがしろにしている。 あるときは、南北互いに対立し、また周囲の国々とも対立したりするが、神に頼らず、アッシリアやエジプトに援助や保護を求めている。
(3)	北イスラエルには陰謀と殺害が絶えず、また、南北とも貧しい者は虐げられ、富む者の暴力と圧迫に苦しんでいる。民は次第にカナン人のバアル偶像に魅力を感じて傾いていく。
(4)	ヒゼキヤ王（前700年頃）、ヨシヤ王（前622年）のとき、宗教改革が行われているが、またすぐに神から離れていく。
2	神は、このようなイスラエルのために預言者を立て、契約の精神に立ち戻るように、民に訴える。 まず北にエリヤとエリシャ、アモスとホセアが立ち、南にはイザヤ、ミカ、エレミヤが活躍する。
3	最後に、エルサレムと王国の滅亡という大きな試練が語られる。 "ダビデ家において実現されるはずのナタンの預言と、選ばれた民イスラエルへの神の約束はどうなるのか"という課題をもって終わっている。

区　　分	上1章〜2章	ダビデ王の最期。
	3章〜10章	ソロモンと繁栄。
	11章	ソロモンの暗影。
	12章〜13章	国の分裂。
	14章〜22章	南ユダと北イスラエル。
	下1章〜17章	北イスラエルの滅亡。
	18章〜25章	南ユダの滅亡。

【主　要　点】

重　要　事　項	列王記		聖　書　の　こ　と　ば
○ **ソロモン王**（前970-931） 　王として油を注がれる	上1	39	祭司ツァドクは天幕から油を持って出て、ソロモンに油を注いだ。彼らが角笛を吹くと、民は皆、「ソロモン王、万歳」と叫んだ。
知恵を願う祈り	3	5	主はギブオンでソロモンの夢枕に立ち、「何事でも願うがよい。あなたに与えよう」と言われた。
		9	「あなたの民を正しく裁き、善と悪を判断することができるように、この僕に聞き分ける心をお与えください。」（上5／9参照）
ソロモンの裁き		23-28	「生きている子を二つに裂き、一人に半分を、もう一人に他の半分を与えよ。」
王国の繁栄	5	5	ソロモンの在世中、ユダとイスラエルの人々は、それぞれ自分のぶどうの木の下、いちじくの木の下で安らかに暮らした。
神殿の建築	6	1	ソロモン王が主の神殿の建築に着手したのは、イスラエルの王になってから四年目であった。
		38	計画どおりに完成した。建築には七年を要した。
宮殿の建築	7	1	ソロモンは十三年の年月をかけて宮殿を築いた。
神殿に契約の箱を運ぶ	8	1	ソロモンは、イスラエルの長老、部族長、首長をエルサレムの自分のもとに召集した。
		4	主の箱のみならず臨在の幕屋も、幕屋にあった聖なる祭具もすべて担ぎ上った。

重　要　事　項	列　王　記		聖　書　の　こ　と　ば
○ 主の名の住まい		10-	雲が主の神殿に満ち、主の栄光が主の神殿に満ちた。
		22	ソロモンは、イスラエルの全会衆の前で、主の祭壇の前に立ち、両手を天に伸ばして、祈った。
		27	神は果たして地上にお住まいになるでしょうか。天もあなたをお納めすることができません。
		29	夜も昼もこの神殿に、この所に御目を注いでください。ここは「わたしの名をとどめる」と仰せになった所です。
○ 国王への警告	9	2 -	主が再びソロモンに現れ、仰せになった。「もしわたしに背を向けて離れ去り、わたしが授けた戒めと掟を守らず、他の神々に仕え、ひれ伏すなら、わたしは与えた土地からイスラエルを断ち、聖別した神殿も捨て去る。」
○ 民の労苦		15	ソロモン王は労役によって建築工事を行った。
○ 貿易の発達		26	ソロモンはエイラトの近くで船団を編成した。
○ シェバの女王	10	1	シェバの女王はソロモンの名声を聞き、難問をもって彼を試そうとしてやって来た。
○ ソロモンの堕落	11	1	ソロモン王は多くの外国の女を愛した。
		4	彼女たちは王の心を迷わせ、他の神々に向かわせた。彼の心は、自分の神、主と一つではなかった。
○ 王国の分裂の預言		26	ヤロブアムは王に対して反旗を翻した。
		29-31	預言者アヒヤは外套を十二切れに引き裂き、ヤロブアムに言った。「（主は）ソロモンの手から王国を裂いて取り上げ、十の部族をあなたに与える。」
○ 南ユダと北イスラエルに分裂	12	20	イスラエルのすべての人々はヤロブアムを王として立てた。ユダ族のほかには、ダビデの家に従う者はなかった。
○ 宗教的分裂		28	彼（ヤロブアム）は金の子牛を二体造り、人々に言った。「あなたたちはもはやエルサレムに上る必要はない。見よ、これがあなたたちをエジプトから導き上ったあなたの神である。」一体をベテルに、もう一体をダンに置いた。このことは罪の源となった。
○ ベテルへの呪い	13	1 - 3	神の人がユダから来て祭壇に向かって呼びかけた。「見よ、祭壇は裂け、その上の脂肪の灰は散る。」

重　要　事　項	列　王　記		聖　書　の　こ　と　ば
○ 神殿が荒らされる	14	25-26	レハブアム王の治世第五年に、エジプトの王がエルサレムに攻め上って、主の神殿と王宮の宝物を奪い取った。
○ 北の首都サマリア	16	24	オムリ王は、築いた町の名をサマリアと名付けた。
○ **預言者エリヤ**			
アハブ王との対立	17	1	エリヤはアハブに言った。「イスラエルの神、主は生きておられる。わたしが告げるまで、数年の間、露も降りず、雨も降らないであろう。」
		5 - 6	エリヤは、ケリト川のほとりに行き、そこにとどまった。数羽の烏が、パンと肉を運んで来た。
サレプタのやもめ		14	「壷の粉は尽きることなく、瓶の油はなくならない。」
		22	主は、エリヤの声に耳を傾け、子供は生き返った。
カルメル山で	18	21	「いつまでどっちつかずに迷っているのか。もし主が神であるなら、主に従え。もしバアルが神であるなら、バアルに従え。」
		24	「火をもって答える神こそ神であるはずだ。」
シナイ山に逃げる	19	3 -	エリヤは恐れ、直ちに逃げた。（主の御使いの）食べ物に力づけられ、四十日四十夜歩き続け、神の山ホレブに着いた。
神の出現		11-	風の中にも、地震の中にも、火の中にも主はおられなかった。火の後に、静かにささやく声が聞こえた。それを聞くと、エリヤは外套で顔を覆い、出て来て、洞穴の入り口に立った。声はエリヤにこう告げた。「エリヤよ、ここで何をしているのか。」
民の残りの者		18	「イスラエルに七千人を残す。これは皆、バアルにひざまずかなかった者である。」
エリシャの召出し		19	エリヤは（エリシャの）そばを通り過ぎるとき、自分の外套を彼に投げかけた。
ナボトのぶどう畑	21	17-18	主の言葉がエリヤに臨んだ。「直ちに行き、サマリアに住むイスラエルの王アハブに会え。彼はナボトのぶどう畑を自分のものにしようと、そこにいる。」
天に運び去られる	下 2	11	彼ら（エリヤとエリシャ）が話ながら歩き続けていると、見よ、火の戦車が火の馬に引かれて現れ、二人の間を分けた。エリヤは嵐の中を天に上って行った。

重 要 事 項	列王記		聖 書 の こ と ば
○ **預言者エリシャ**			
エリヤの精神を受け継ぐ		15	「エリヤの霊がエリシャの上にとどまっている。」
やもめの油	4	1	仲間の妻の一人がエリシャに助けを求めて叫んだ。
死者のよみがえり		8 -37	「あなたの子を受け取りなさい。」
パンの奇跡		42-44	召し使いがそれを配ったところ、主の言葉のとおり彼らは食べきれずに残した。
ナアマンがいやされる	5	1	アラムの王の軍司令官ナアマンは、勇士であったが、重い皮膚病を患っていた。
		14	ナアマンは神の人の言葉どおりに下って行って、ヨルダンに七度身を浸した。彼の体は元に戻り、小さい子供の体のようになり、清くなった。
		17	「土をこの僕にください。僕は今後、主以外の他の神々にいけにえをささげることはしません。」
天軍に守られる	6	17	（エリシャは）主に祈り、「主よ、彼の目を開いて見えるようにしてください」と願った。
		24	アラム王は全軍を召集し、攻め上って来て、サマリアを包囲した。サマリアは大飢饉に見舞われていた。
○ 虐げられた人たちが救いを告げる	7	9 -	「この日は良い知らせの日だ。」（ルカ 2／16-20参照）
○ 王の任命	9	6	「あなたに油を注ぎ、あなたを主の民イスラエルの王とする。」
○ 争い　　アハブとイエフ	10	11	イエフは、アハブの家の者およびアハブについていた者を皆打ち殺し、一人も残さなかった。
アタルヤとヨアシュ	11	3	アタルヤが国を支配していた六年の間、ヨアシュは乳母と共に主の神殿に隠れていた。
○ エリシャの死	13	14	エリシャが死の病を患っていた。
		21	その人はエリシャの骨に触れると生き返り、自分の足で立ち上がった。
○ **アッシリア捕囚**（前734年）	15	29	イスラエルの王ペカの時代に、アッシリア王が攻めて来て、ハツォルやガリラヤの住民を捕囚として連れ去った。
○ ユダの王アハズの背信	16	3	彼は、自分の子に火の中を通らせることさえした。
		8	（ユダの王）アハズはまた主の神殿と王宮の宝物庫にある銀と金を取り出し、アッシリアの王に贈り物として送った。

重 要 事 項	列 王 記		聖 書 の こ と ば
		11	祭司ウリヤはアハズ王がダマスコから送ってきたものそっくりに祭壇を築いた。
○ サマリアの滅亡（前722年）			
アッシリア捕囚	17	5 - 6	アッシリアの王はこの国のすべての地に攻め上って来た。イスラエル人をアッシリアに連れていった。
サマリア人		24	バビロンなどの人々を連れて来て、イスラエルの人々に代えてサマリアの住民とした。
		33	彼らは主を畏れ敬うとともに、自分たちの神々にも仕えた。
○ ヒゼキヤ王	18	3 - 4	ユダの王アハズの子ヒゼキヤは、父祖ダビデのように、主の目にかなう正しいことをことごとく行い、高台を取り除き、モーセの造った青銅の蛇を打ち砕いた。（民21／4-9 参照）
○ エルサレムが包囲される		13	アッシリアの王センナケリブが攻め上り、ユダの砦の町を占領した。
		22	「我々の神、主に依り頼む」
○ 預言者イザヤの活躍	19	6	イザヤは言った。「主なる神はこう言われる。アッシリアの王の言葉を恐れてはならない。」
○ バビロン軍の進出	20	12-13	バビロン王はヒゼキヤに手紙と贈り物を送って来た。
○ シロアムの池と水路		20	ヒゼキヤ王は貯水地と水道を造って都に水を引いた。
○ 悪王マナセ	21	1 - 2	マナセは五十五年間エルサレムで王位にあった。諸国の民の忌むべき慣習に倣い、主の目に悪とされることを行った。（代下33／1-20 参照）
○ ヨシヤ王	22	2	彼（ヨシヤ）は主の目にかなう正しいことを行い、父祖ダビデの道を歩み、右にも左にもそれなかった。
律法の書発見（前622年）		8	「主の神殿で律法の書を見つけました。」
		11	王はその律法の書の言葉を聞くと、衣を裂いた。
宗教改革	23	2	王は、ユダのすべての人々、エルサレムのすべての住民、祭司と預言者、下の者から上の者まで、すべての民に契約の書のすべての言葉を読み聞かせ、実行することを誓った。民も皆、この契約に加わった。
		15	ベテルにあった祭壇を壊した。
		19	サマリアの町にあった高台の神殿も取り除いた。
過越祭		21	「この契約の書に記されているとおり、主の過越祭を祝え。」（代下35／1-19 参照）

重 要 事 項	列 王 記		聖 書 の こ と ば
メギドで戦死する		29	エジプトの王ネコはヨシヤに出会うと、メギドで彼を殺した。（代下35／23-25参照）
○ユダがエジプトに荒らされる		35	ファラオの要求に従って銀を差し出すために、王は国の民に税を課し、民に銀と金を要求した。
○**バビロン捕囚**（前598年）	24	10	バビロン王ネブカドネツァルがエルサレムを包囲した。ユダの王はバビロン王の前に出て行き、バビロン王は彼を捕えた。
○**バビロン捕囚**（前587年）	25	1-	バビロン王は全軍を率いてエルサレムに到着し、塁を築き、包囲した。王は捕えられ、裁きを受けた。
○**エルサレムの滅亡**		9	バビロンの軍隊は、主の神殿、王宮、エルサレムの家屋をすべて焼き払い、城壁を取り壊した。民のうち都にいた者はすべて捕囚とされ、連れ去られた。貧しい民の一部はそのまま残された。
○エジプトに避難する（前582年）		26	民は皆、カルデア人を恐れて、直ちにエジプトに出発した。（エレ40／1- 43／13, 52／30参照）
○**ヨヤキン王の復権**		27	捕囚となって三十七年目、バビロン王はユダ王ヨヤキンを出獄させた。

【列王記の教え】

1　列王記は歴史を語る戯曲のようである。

(1)　全盛期のダビデとソロモン王の時代に開幕し、国も首都エルサレムもすべてを失った絶望状態のイスラエルで劇的な閉幕となる。

(2)　登場人物は次のようになる。

神は、主なる神。

預言者は、神の代弁者である預言者たち。

国王は、神の代弁者であるはずなのに、実は反逆者。

民衆は、牧者のない羊の群れのように国王に振り回されているイスラエル国民と対立はあってもある程度好意的な周辺の異邦人。

(3)	イスラエル全体は、神と結んだ契約を守らなかった。失敗の原因はここにある。400年間も繰り返されるイスラエルの不忠実の記録ともいえる。
	国王も支配者も、主なる神を信じて神だけに頼ろうとはしていない。むしろ戦力や武器を増強し、近隣の強国に援助を求めてしまう。
	国民は、御利益があると思って偶像に頼っている。
	その結果、イスラエルは神から与えられた土地を奪われ、神が共におられるしるしの神殿も破壊され、永久に揺るぎないはずのダビデ王家の王も捕らえられ、すべてが夢のように消え去ってしまう。

2	国王たち
(1)	ダビデ
	ダビデ王は、人間的弱さによる過ちも多かったが、神に対する単純な信仰をもって生きたので、高く評価されている。
(2)	ソロモン
	王になった当初、神に知恵を求め、知恵に満たされた王として正しい判断力をもっていた。エルサレムに立派な神殿を建てたときの、素晴らしい祈りがある。
	"いつか、異邦人も同じ神を拝むときが来る"（上8／12-53参照）。
	しかし、外国から来た妻たちの影響を受けて、心は鈍り、神との契約をおろそかにするようになり、周囲の人々に振り回されてしまう。
(3)	ヒゼキヤ王とヨシヤ王のふたりは、ダビデ王のように高く評価されている。
	特にヨシヤ王は、すべての高台の神殿を取り除き、過越祭をエルサレムで行なうようにした。
	刺されて死んだ義人ヨシヤ王は、十字架上のキリストの前表とみられるようになる（ゼカ12／9-14参照）。
(4)	エルサレムの他の王たちは、律法に忠実ではなかった。
	それなのに預言者ナタンの告げた神の約束は、決して取り消されることはない。
(5)	北イスラエルの王たちは、多少優れた政治家であっても、ダビデ家ではないので、本書では軽んじられている。

3	神は、預言者たちを通して叫び続けている。
(1)	預言者エリヤ
	主にすべてをゆだねる信仰深い人で、たとえ、ただひとり、自分だけでも信仰を忠実に守り通す覚悟をもっている。

○ ヨシュアがイスラエルに呼びかけたように、エリヤもカルメル山で祭司や国民に向かって呼びかけ、決断を迫る。

"いつまでどっちつかずに迷っているのか。神に従うのか、バアルに従うのか決めなさい"。

○ エリヤはシナイ山（ホレブ山）に避難する。そこはモーセが啓示を受けて契約を結んだ聖地であり、民の信仰の原点である。そこでエリヤはそよ風に包まれて主なる神と語り合い、神は生きているお方、結んだ契約を取り消すことはなく、選ばれた民イスラエルの滅びを喜ばないことを再確認する。

○ 滅びの道を走り続けているイスラエルの中から、少人数が最後に残されることが告げられ、エリヤは再び預言者として活躍する。

○ 貧しい人の畑を奪い取った国王に、エリヤは決然と立ち向かい、人間同士の平等と尊敬、正義を守るように呼びかける。

○ エリヤは死なずに天に上げられる。弟子に自分の精神を残したことは、義人が死を免れ、永遠に生きることを示している。また、主の日の前に、神は預言者エリヤを遣わすともいわれている。（マラ3／23参照）

(2) 預言者エリシャ

エリシャの行なった多くの奇跡は、後のイエス・キリストの奇跡と同じである。いやされたナアマンの奇跡には、神の民に加えられるために水で清められ、改心して新しい人になる洗礼式が示されている。

4 　父ダビデの望みに従い、ソロモン王がエルサレムの丘に建てた神殿は、徐々に民の唯一の礼拝所となり、イスラエルで非常に大きな役割を果たすことになる。

(1) 神殿は神が共にいるしるしである。

○ 神の名が置かれた場所。

○ 神の住まい。

○ 神と人が出会う場所。

(2) 神殿の広場は、祭司たち、レビ人たちと共に民が行なうあらゆる行事の舞台である。また、神の民の信仰を深める大切な場所である。

(3) 神を建物の中に閉じ込めることはできない。また、神殿はお守りでもない。
神は民全体を守るが、神殿があるから絶対安心ということではない。

(4) しかし将来は、神殿を超えて、イエス・キリストにおいて天の御父にまことの礼拝をささげる新しい時代が来る。

5 　国と土地

カナンの地は、選ばれた民イスラエルに神が与えると約束された "乳と蜜の流れる地" であり、メシアの支配する神の国の前表である。

6 　人の心に深く潜んでいる悪

預言者たちがどれほど呼びかけても、人は神に立ち返るために改心して悪を避けることが容易にできない。特に権力者たちの行為は善悪の判別がつけにくく複雑である。

この時代の体験に基づいて書かれた人祖アダムとエバの物語に、それがよく表されている。

7 　この時代に書き残された詩編は、この時代の人々の信仰体験をわたしたちに伝えている。

神は沈黙に包まれているようであっても、真心から主に祈り求める人々の叫びに、耳を傾け、その願いを聞き入れてくださる。

詩編　78　この長い詩編では、イスラエルの歴史が回顧されているが、その最後はダビデの選びで終わっている。

詩編　132　列王記と同じ主題の詩編。

　　　　（11節）主はダビデに誓われました。

　　　　　　　　それはまこと。

　　　　　　　　思い返されることはありません。

　　　　　　　　あなたのもうけた子らの中から

　　　　　　　　王座を継ぐ者を定める。

詩編　108　ダビデの賛歌。

　　　　（5節）あなたの慈しみは大きく、天に満ち

　　　　　　　　あなたのまことは大きく、雲を覆います。

詩編　50　主はイスラエルを訴える。

　　　　（7節）わたしの民よ、聞け、わたしは語る。

　　　　　　　　イスラエルよ、わたしはおまえを告発する。

　　　　　　　　わたしは神、わたしはお前の神。

詩編　137　すべてを失ったイスラエルの嘆き。

　　　　（1節）バビロンの流れのほとりに座り

　　　　　　　　シオンを思って、わたしたちは泣いた。

伝　　　承

＊　旧約聖書の初めにあるモーセ五書には、違う面をもった同じ話が重複して何箇所か記されている。これに疑問を抱いた聖書学者たちは、異なる時代の幾つかの口伝が組み合わされているのではないかと考え、いろいろ研究してきた。

＊　これらの口伝には、伝えられた道筋によるそれぞれの観点があることが次第に分かり、それを大きく四つに分け、それぞれの伝承の頭文字を取ってJ伝承（Jahwist）、E伝承（Elohist）、D伝承（Deuteronomist）、P伝承（Priest）と呼んでいる。

J　伝　承

〔成立の過程〕

○この伝承はソロモンの晩年に当たる頃、エルサレムで、まとめられたようである。

○当時のエルサレムの王の周囲の人々は、イスラエルの民が、アブラハムの受けた約束によって、すべての人の祝福の基となる使命をもっており、この使命はダビデ王に告げられた預言者ナタンの預言によって、ダビデとその子孫に受け継がれると考えていた。

○J伝承はこのダビデ王家中心の考え方を反映している。

〔J伝承と思われる箇所と特徴〕

○創世記2章5節から民数記24章までの骨子となっている話がJ伝承と思われ、創世記、出エジプト記、民数記の基本となっているようである。

○神の名は固有名詞のヤーウェ＝YHWHで、「主」と翻訳されている。

○この伝承を理解するかぎはアブラハムの受けた約束にある。
約束とは、罪と罪の結果起こる災い（創2／1-11／9）から人類を救う計画であり、神はアブラハムとその子孫を通してその約束を実現する。

○アブラハムをはじめ、イサク、ヤコブ、ヨセフ、モーセなどイスラエルを代表する人物の信仰と取り次ぎの力を強調しながら、イスラエルの民が"祝福の基となる使命"をアブラハムから継承して実現していく過程が語られる。

○しかし、アブラハムをはじめ太祖たちも、時にはその使命を果たさなかった。それでもこの祝福がイスラエルから奪われることはないと、バラムの話で確認されている（民24／1-9）。

○ J伝承は、粗削りで素朴な力強い文体で、神についても大胆な擬人法を用いている（創2／1-25）。それはアブラハムと神との対話、ヤコブと神との対話、ファラオとの対決や災害、紅海を渡る話、荒れ野での数々の事件などにも表れている。

○ 各部族の中にある話が、それぞれの時代、住んでいた地方の影響を受けながら伝えられてきたようであるが、共通しているのは、アブラハムの受けた約束を自分たちイスラエルの子孫も受け継ぎ、アブラハムと同じ信仰を持っていることである。

E　伝　承　　　〔成立の過程〕

○ この伝承は、北のイスラエル地方に伝わったものとみられている。

○ 北イスラエルでは、カナン人やペリシテ人などの異教徒たちと平和共存を図っていたので、民はいつもバアル偶像にひかれる危険があった。

○ そればかりでなく、ダビデ家でない王に対して民の尊敬は薄く、首都も転々と移り、礼拝所もシロ、シケム、ベテル、ダンの四箇所にあり、あまり国としての統一はなかった。

○ 南ユダの山地に比べれば平原もあり豊かな地方であったが、貧しい人もいて、不正も行われていた。

○ これに対してモーセの精神を受け継ぐ預言者エリヤ、エリシャ、アモス、ホセアが活躍し、権力者や金持ちに抵抗していた。このモーセの精神を受け継ぐ預言者たちの教えに添って、イスラエル民族の由来と使命を考察しているのがE伝承である。

〔E伝承と思われる箇所と特徴〕

○ 創世記　20章　　アビメレクとアブラハム
　　　　　　　22章　　イサクの奉献
　　　　　　　37章〜　ヨセフ物語の大部分

○ 出エジプト記　2章，3章　　　　　　モーセ
　　　　　　　　20章2〜7節　　　　　十戒
　　　　　　　　20章22節〜23章19節　種々の規定

○ 民数記　12章　　モーセの取り次ぎ
　　　　　　23章　　バラムの託宣の一部

○ E伝承では、神の名は普通名詞のエロヒムで表されている。

○ 神は超越した存在であり、自由であるから、場所に拘束されることはない。人はその神に従うのである。

○ 救いは神から来る。民は神をおそれ敬い、神のみ前を歩まなければならない。

○ 神は民の忠実を試すが、民はほとんど忠実ではない。

○ E伝承は擬人法を避け、神は、夢や幻や天使を通して人に話しかけている。（創22／11-18）

○ エルサレムにあったJ伝承に、後からこのE伝承を組み合わせたと思われるが、全体にJ伝承が優先している。そのためにE伝承の部分は少ない。

○ E伝承はJ伝承より高い倫理観をもつとされている。

D 伝 承	〔成立の過程〕

○ 紀元前722年、北王国イスラエルの首都サマリアが陥落したとき、北の四つの礼拝所にいた祭司たちは、既に巻物に書かれていた伝承を携えて南のエルサレムに避難した。

○ その頃、南のユダ王国はヒゼキヤ王の時代で、文化が繁栄していた。箴言（格言の書）や詩編が整理され、預言者ホセアの言葉も整理されているところだった。

○ そのとき、北からもたらされたE伝承と、既に南のエルサレムにあったJ伝承が組み合わされたようである。

○ また、北イスラエルに独自に伝えられていたモーセ時代からの種々の規定も整理され、申命記の主要部分5章～29章になったと思われる。

○ サマリアの陥落から100年を経た紀元前622年、エルサレムではヨシヤが王となり、平和に繁栄していた。

○ 王は宗教改革をはじめ、神殿内の掃除と修理を行ったが、そのとき100年前の申命記の写本が発見された（王下22／1-23／30参照）。

○ 王は直ちに申命記をイスラエルの基本憲法に定めた。このとき、祭司たちが一部加筆したようである。

○ その後、バビロン捕囚の間に、祭司や律法学者たちによってモーセの説教のかたちにまとめられたようである。

〔D伝承と思われる箇所と特徴〕

○ 申命記　全章

○ 創世記　18章17節～19章　　アブラハムの取り次ぎ

○ 出エジプト記　12章，13章　　過越祭

　　　　　　　　　32章，33章　　モーセの取り次ぎ

○ D伝承と同じ観点で書かれている歴史書

　　ヨシュア記、士師記、サムエル記、列王記。

○ 申命記を理解するかぎは、神の民、律法、土地、神殿にある。

○ 神の愛によってイスラエルは選ばれた。神のアブラハムへの約束によってイスラエルは神と特別な関係にあり、神の民としての使命が与えられている。イスラエルは、今まで他国と政治的同盟を結んで度々失敗を経験した。頼れるのは神だけである。

○ 律法は、王さえも除外されることのない、すべての人の生命に至る道である。

　"あなたが守るならば生きるようになり、守らないならば滅びる。"

　神は必ずその約束を果たす。

○ 土地は神からの贈り物である。

○ かつての神との出会いを大切にし、"聞け、イスラエルよ。我らの神、主は唯一である"と強調する。そして、過去に体験した神の不思議を思い起こし、これらの不思議は、今、現在行なわれていると強調する。

○ D伝承は、心に語りかける説教の文体で、同じ話を何回か繰り返し、説得力がある。

P　伝　承　〔成立の過程〕

○ この伝承は、おもに捕囚のときにまとめられたようである。エゼキエルを中心にした祭司たちは、国も国王も神殿も同時に失って、精神的に大きな打撃を受け、神の計画や約束はどうなってしまうのかという疑問や迷いをいだいていた。そして、イスラエルの歴史をさかのぼって反省し、自分たちの先祖と神とのつながりを見直し、考察を深めていた。それはバビロンから帰国後も祭司たちを中心に続けられ、エズラの時代まで受け継がれていった。その祭司たちの思想を、いろ濃く表しているのがP伝承である。

○ エルサレムへの帰国と神殿の再建を確信している祭司たちによって、祭司のための書といわれるレビ記が記された。

〔 P 伝承と思われる箇所と特徴 〕

○ 創世記　1章〜2章4節　　七日間の天地創造

　　　　　　9章1〜7節　　　ノアの契約

　　　　　　17章　　　　　　アブラハムの契約

○ 出エジプト記　25章〜31章 ⎫
　　　　　　　　　　　　　　⎬　礼拝の場
　　　　　　　　35章〜40章 ⎭

○ レビ記　全体　祭司への手引き

○ 民数記　1章〜10章10節　　荒れ野での礼拝

　　　　　　17章〜20章13節　アロンの役割

　　　　　　26章〜31章　　　人口調査

　　　　　　33章〜36章　　　歩んできた道

○ P伝承をつかむ糸口は、祝福、選び、契約にある。

○ 主なる神は、神殿のように造られた宇宙の中で、神を礼拝し賛美する役割を
　人間に与えて、"生めよ、ふえよ" と祝福された。この祝福は、どんな時代
　でも必ず実現する。

○ エジプトからの脱出とシナイ山での神との出会いという不思議な出来事を体
　験したイスラエルの民は、神の偉大さと、その偉大な神に自分たちが特別に
　選ばれた民であることを自覚し、この神が、これからも自分たちのために不
　思議を行ない続けることを確信する。イスラエルの民は、宗教行事を行なっ
　てこの確信を繰り返し思い起こしている。

○ 神と結んだ契約

　ノアとの契約、アブラハムとの契約、モーセとの契約と三つあるが、この契
　約は神において同じ一つの契約である。

○ 捕囚の地で民は、自分たちは何者なのか、神の選びと使命は何かを考察し、
　捕囚になっている民と先祖たちとのつながりをつけようとする意図から、P
　伝承には系図が多い。

○ 安息日は、主なる神の日である。人はこれを守ることによって神の安息に入
　ることができる。

○ 特別に神に奉仕する祭司として、アロンとレビ族が選ばれている。祭司とは、
　イスラエルを代表して神に取り次ぐ代願者であり、いけにえをささげて民の
　罪をあがなう役目と同時に、神のみ言葉を解釈する役割もある。

○ P伝承は文体が硬く、形式的なところがあり、統計などを好んで用いている。

○ P伝承は他の伝承に優り、神についての考察が深められており、唯一神観を
　強調している。

＊　以上のように、Ｊ伝承とＰ伝承は歴史書の主な骨組みとなっている。

　Ｊ伝承での神は、人間の近くにおられ親しみやすい。Ｅ伝承は、わずかな部分ではあるが、超越的存在としての神を示している。Ｄ伝承は、イスラエルの選びと神のあわれみを強調している。Ｐ伝承は、人類全体への関心と祭司の役割を明確にし、宗教行事を大切にしている。

＊　これらの伝承は、イスラエルの民によって、歴史の節目に何回か見直され、預言者たちから常に大きな影響を受けたが、最終的にすべてを総合し、歴史書として仕上げたのは祭司たちである。

＊　聖書全体は聖なる神に仕える民の歩みであると同時に、信仰の体験の記録ともいえる書物である。

　それらは、すべてわたしたちに教訓として残され、わたしたちは、そこに神のご計画とその神秘を見分け、各時代の人々に働きかけた聖霊の導きをも見いだしている。

　創世記から列王記までの歴史書で、神に選ばれたアブラハムとその子孫イスラエルの民が、神と契約を結び、神の民となり、王国の繁栄を経て、エルサレムの滅亡に至るまでのさまざまな出来事を読んできた。

　その中には、イスラエルの王国時代に、神から遣わされた預言者たちの活躍が記されているが、これは他の民族に例のない、イスラエル独自の体験である。

　預言者たちは、民が主なる神に立ち戻り、契約を守り、モーセの教えに忠実に従うように励まし、警告し続けたが、不思議なことに王も民も全く聴く耳を持たなかった。そしてエルサレムの都は陥落し、民は捕虜となり、異国バビロンの地で暮らすことになる。すべてを奪われたイスラエルは、捕囚の地で神の民の新しい生き方を始めるようになり、その中で、ユダヤ教といわれるものが形成されていった。

旧約聖書成立史表

時代区分		律法書	預言書・歴史書	教訓書
族長時代 / 士師	（エジプト）（ペリシテ） 紀元前 出エジプト1250頃 モーセ 1200 サウル 1050 ダビデ 1010 1000 ソロモン 973		太祖（アブラハム、イサク、ヤコブなど）に関する口伝　出エジプト、カナン征服に関する口伝	
統一国家 王国時代 南北王国 ユダ王国	南北王国 931 （シリア）（アラム） アッシリアによる サマリア陥落 722 （アッシリア） ヨシヤ王の 宗教改革 622 （バビロニア） 第一回バビロン捕囚 598 第二回バビロン捕囚 587	ヤーウェ伝承（J） エロヒム伝承（E） 申命伝承（D）	エリヤ、エリシャの 預言者集団（王たちの記録） アモス書　ヨシュア記 ホセア書　士師記 イザヤ書　サムエル記 （1〜39）　列王記 ミカ書 紀元前7〜6世紀 ゼファニヤ書 エレミヤ書 ナホム書 ハバクク書	詩編（紀元前10〜3世紀） 箴言（紀元前10〜5世紀）
バビロン捕囚	（ペルシア） キュロス王の解放令 538	祭司伝承（P）	哀歌 エゼキエル書 イザヤ書（40〜55）	詩編
ペルシア支配 復興再建	ネヘミヤの宗教改革 433 アレキサンドロス大王 333	モーセ五書 （J＋E＋D＋P）	イザヤ書（56〜66） ハガイ書 ゼカリヤ書（1〜8） オバデヤ書　歴代誌 マラキ書　エズラ記 ヨエル書　ネヘミヤ記 ゼカリヤ書（9〜14）	詩編 箴言 ヨブ記　ルツ記 ヨナ記 雅歌
ギリシア支配	七十人訳ギリシア語聖書 284-247 マカバイ戦争 167-163		エレミヤの手紙 ダニエル書　マカバイ記Ⅱ マカバイ記Ⅰ	コヘレトの言葉　トビト記 エステル記 バルク書 シラ書　ユディト記 〔集会の書〕
ローマ	ローマ、エルサレム占領 63			知恵の書

王 国 年 代 表

年は王の即位年

年	主な預言者	ユ ダ（南）	イスラエル（北）	年	主な預言者	諸 外 国	列 王 記
紀元前1050		サ ウ ル					
1013		ダ ビ デ					上 1－2
973		ソ ロ モ ン					上 2－11
933		レ ハ ブ ア ム	ヤ ロ ブ ア ム	紀元前933		エジプト王 シシャク　924	上 12－15
916		ア ビ ヤ ム	ナ ダ ブ	912			上 15
913		ア サ	バ シ ャ	911		アラム王（シリアのダマスコ）ベン・ハダド	上 15
			エ ラ	888			上 16
			ジ ム リ	887			上 16
			オ ム リ	887			上 16
873		ヨ シ ャ フ ァ ト	ア ハ ブ	876	エリヤ		上 16－22
			ア ハ ズ ヤ	854			下 1
849		ヨ ラ ム	ヨ ラ ム	853			下 3
842		ア ハ ズ ヤ	イ エ フ	842	エリシャ	アラム王（シリアのダマスコ）ハザエル	下 8
842		ア タ ル ヤ					下 9－12
836		ヨ ア シ ュ	ヨ ア ハ ズ	814			下 13
797		ア マ ツ ヤ	ヨ ア シ ュ	798			下 14
			ヤ ロ ブ ア ム Ⅱ	783	アモス		下 14
779	第一イザヤ	ア ザ ル ヤ(ウジヤ)	ゼ カ ル ヤ	743			下 15
			シ ャ ル ム	743		アッシリア王 ティグラト・ピレセルⅢ　745-727	下 15
740		ヨ タ ム	メ ナ ヘ ム	743	ホセア		下 15
			ペ カ フ ヤ	737			下 15
736	ミカ	ア ハ ズ	ペ カ	736		アッシリア王 シャルマナサルⅤ　726-722	下 15－16
727		ヒ ゼ キ ヤ	ホ シ ェ ア	730			下 17－20
			〔イスラエル滅亡〕	722		アッシリア王 721 サルゴンⅡ -705	下 20
698		マ ナ セ				アッシリア王 センナケリブ 704-681	下 21
643		ア モ ン					下 21
640		ヨ シ ヤ					下 22－23
609	エレミヤ	ヨ ア ハ ズ				エジプト王 ファラオ・ネコ 609-594	下 23
609		ヨ ヤ キ ム					下 23－24
598		ヨ ヤ キ ン				バビロン王 ネブカドネツァル 605-562	下 24
598	エゼキエル	ゼ デ キ ヤ					下 24－25
587		（総督ゲダルヤ）				バビロン王 エビル・メロダク 561-560	下 25
	第二イザヤ	〔バビロン捕囚〕					下 25
536		〔解放と帰還〕				ペルシア王 キュロス 551-529	

編纂者

マルセル・ルドールズ　Marcel LE DORZE

パリ外国宣教会司祭　m.e.p.

1919年5月21日、フランス・ブルターニュ地方に生まれる。1946年6月29日、パリ外国宣教会本部にて司祭叙階。その後、中国・四川省に派遣され宣教に従事。1952年1月、来日。1954年〜87年、カトリック上野教会（東京）主任司祭を務める。1974年の聖年を機に、信徒と全聖書通読を始め、手引き『聖書100週間』の編纂を始める。1987年〜2001年、「聖書100週間」の担当司祭として真生会館でグループの指導に専念。1999年6月、カトリック東京カテドラル関口教会にて「聖書100週間」25周年を祝う。2015年8月16日、フランス・ブルターニュ地方、サンタンヌ・ドーレー村の養老院で老衰のため帰天。享年97歳。

東京大司教認可済　　旧約 No.29/76　新約 No.2/78

せいしょ ひゃく しゅうかん　いち　きゅうやくせいしょ　れきししょ
聖書100週間・Ⅰ　旧約聖書—歴史書

1991年　　　　　　　改訂版発行
2019年6月29日　　改訂新装版第1刷発行

編　纂　マルセル・ルドールズ　Marcel LE DORZE, m.e.p.
監　修　カール＝ハインツ・ワーケンホースト　Karl-Heinz WALKENHORST, s.j.
　　　　ゼノン・イェル　Zenon YELLE, p.s.s.
発行者　関谷　義樹
発行所　ドン・ボスコ社
　　　　〒160-0004 東京都新宿区四谷1-9-7
　　　　TEL 03-3351-7041　FAX 03-3351-5430
印刷所　株式会社平文社

ISBN978-4-88626-627-9 C0016
乱丁・落丁はお取替えいたします。

聖書100週間

ご案内

目　　　　次

聖書100週間

＊教会は、国境や時代を超えて、すべての善意の人々に向けられている神の言葉を、今までよりもいっそう忠実に、いっそう熱心に聴くようにと、第二バチカン公会議の啓示憲章と典礼憲章をもって、公にわたしたちに呼びかけています。

これに呼応して、みことばを聴きたいというキリスト者の切実な欲求も、至る所で感じられるようになりました。

＊ところで、現在の日本には、聖書の解説書や聖書についての本が、たくさん出版されています。また、いろいろな形の聖書研究グループも数多くあり、どれがいちばん自分に適しているのか分からなくなるほどですが、これは社会一般が、どれほど聖書に興味をもっているか、どれほど聖書に光や支えや救いを探し求めているかをよく表しています。

＊確かに聖書の中に答えがあります。

今、キリスト者は、人々に生きる希望を与え、道を照らす光となる使命を積極的に果たすように期待され、求められています。キリスト者は聖書をよく知り、しっかりした知識をもって自分の信仰の基礎を固める必要があります。

＊そこで、キリスト者として、信仰に基づいた判断によって行動することができるように、また、神の言葉を聴きたいという教会の中にある欲求に応えるために、一つの方法として聖書100週間を紹介いたします。

＊この聖書100週間は、全聖書を通読するためのプログラムで、聖書を信仰の心で神の言葉として祈りのうちに読みます。

すでに参加した多くの人々は、神の救いの言葉を、よりいっそう深く知り、味わう喜びの体験をしてきました。それはエマオへの道で、キリストご自身から聖書を聴き味わったふたりの弟子たちと同じような体験と言えるでしょう。

司祭と集会を司会する人へのすすめ

1．聖書100週間の目的

○ 聖書100週間は、この集まりに参加するキリスト者が聖書に親しみ、聖書に関する知識を豊かにすると共に、ひとりひとりが神の言葉を霊的糧、いのちの言葉として読み取り、確信をもって信仰の喜びのうちに生きることを目指しています。同時に、神の民の教会共同体とのつながりを自覚し、その意識も強められます。

○ 教会全体とのつながりは大切です。教会共同体の中で共に歩むものであり、共同体のミサ聖祭のなかで正式に告げられる"みことば"を共に聴き、キリストによって一つに結ばれて、神の民の共同体全体が聖霊によって内側から新しくされていくことになります。

2．全聖書を読みます

○ 全聖書をおよそ100週間で通読します。できるだけ聖書の順序に沿って読み進みますが、イスラエルという一民族の体験が記されているので、その地方の風習や文化、その時代背景などとの関連を考慮して、順序を替えて読むところもあります。

○ 旧約聖書に約2年、新約聖書に約1年かかります。集まる回数は、ところどころでまとめとしての復習も必要ですから、実際には100回以上になっています。

○ 大切なのは全聖書を読むことです。聖書を読み進むうちに次第に訓練されて、みことばに対する心が開かれ、歴史を通して絶えず語られる神の言葉を聴きとることができるようになり、語られる神の啓示の発展と流れを全聖書を通して把握できるようになります。

○ ミサ聖祭や教理のときに聞く有名な話だけでなく、つまらないと思われるところも全部、かなりの速さで読み進みます。毎週各自が読んでくるのは10章から15章ぐらいですが、旧約聖書では20章を読むこともあります。全くマラソンのようです。

○ しかし、このような速さで通読するだけなのに、驚くほど聖書全体の流れや、神の救いの計画の実現など全体のつながりをよく感じとり、分かるようになります。

○ 中心になるのは聖書です。

　参加者は他の本を読んだりレポートを作成したりする必要はありません。ただ、聖書を読む助けとして『聖書100週間』の補助テキストを使います。

○ グループの人々を互いに鎖のように結び合わせる約束があります。

　・参加しているひとりひとりのために祈る。

　・聖書の読むべき箇所を、よく読む。

　・復習する。

　・毎週の集まりに出席する。

○ 参加者は、互いに支え合って、100週間続く苦労と努力と喜びを共にすることになります。

3．毎週の集まり

毎週の集まり

1．始めの祈り、または聖歌を歌います。

2．読んだところの復習（20分〜25分）。

3．各自が今週読んだところの感想を述べ、短い祈りをします。

　（ひとりが3分位）

4．休憩（10分弱）。

5．休憩の後、司会者は補足したり、質問があれば簡単に答えます。

　来週読んでくるところを伝えます。

6．終わりの聖歌を歌い、司祭の祝福をもって終了します。

○ この2時間位の集まりの理想的な人数は10人前後ですが、数人でもできます。しかし、20人以上では難しくなります。

４．集まりの細かい説明

《開会の祈り》
○ 開始の時刻を守り、詩編を歌うか、詩編の祈りで始めます。

《復習》（20分～25分）
○ 短い時間でも必ず復習します。読んだところを思い出し、重要な出来事や大切な
　箇所を明確にします。
○ 復習は、つながりや要点をつかむためにも、また、読んできたところを忘れない
　ためにも大切です。復習することによって、読んできたいろいろな出来事が整理
　され、神の言葉として生きてきます。
○ 旧約聖書では、特にイエス・キリストと深い関係のあるところは、つながりをはっ
　きりさせることが大切です。
○ 復習の方法もいろいろあると思いますが、無理なく進められる方法として、次の
　ようなものがあります。
　　１　参加者が先週読んだところを思い出しながら、座席の順に、重要な事柄を次
　　　々に発言していきます。そうすると、大切なところは、ほとんど出そろいま
　　　すが、ときには補うことも必要です。
　　２　小人数のグループなどでは、司会者が先週の感想を整理して発表しながら、
　　　重要なところを強調したり、不足を補うという方法もあります。
　　３　あらかじめ用意した質問に沿って、復習することもできます。
○ 限られた復習のための時間の枠を越えないようにしましょう。

《ひとりひとりの感想の発表》
○ この集まりの中でいちばん大切なのは、感想を述べることです。これは聖書100
　週間の特徴の一つです。
○ ひとりひとりが聖書を読んで感じたことや心に響いたことを発表します。純粋な
　感想であって、解釈でも説明でもなく、説教でもまとめでもありません。毎週の
　ことですから努力が必要です。無断欠席したり、何も感想を述べないならば、集
　まった人たちの期待を裏切ることになるでしょう。

○ 読んでくる聖書の箇所は、補助テキスト『聖書100週間』の配分表によります。その週に読む聖書の箇所を、何章かずつ参加者に割り当てるのではなく、皆が同じところを読んで集まります。また、感想は1章ごとのものではなく、その週に読んだ全体の感想であるように、適切な指導が必要です。

○ 誰もが安心して気軽に発表できるような雰囲気づくりが大切で、それは司会者の役目です。

○ 司会者は感想を述べる人に、ひとりひとり、名前を呼んで発言を求めます。

○ 参加者は感想が述べられる間、互いに心を開いて黙って聴き、発言している人が、神の言葉を味わって感じた喜びを、共に味わうようにします。

○ 主の御名によって集まった人々の貴重な恵みを聞きのがさないように、互いの発言を注意深く聞き、書き留めるように、司会者は参加者にときどき思い出させましょう。

○ 批判したり評価することは絶対に避けなければなりません。ほめることも他の人との比較になります。

○ また、慣れない人に、初めは無理に発表を求めず、忠実に読んでくるうちに発言するようになりますから、それまで待ちましょう。

○ 司会者は、教師でも講師でもなく、司祭であってもキリストによる兄弟として参加者と共に歩み、皆と同じところを読みます。1時間も黙って感想を聞くことは、相当辛く感じるときもあります。貴重な自分の時間が惜しく思えたり、ときには参加者の何も分かっていないような、まとまりのない発言に司祭として責任を感じ、その場で口を挟んで説明したくなりますが、その気持ちを押さえて、黙ってひとりひとりの話を最後まで我慢強く聞かなければなりません。

○ もし、司会者が途中で口を開けば、当然、参加者は黙り、譲って聞いてくれます。しかし、この聖書100週間のやり方では、参加者が自分で見つけたものを、たとえ下手でも自分の言葉で言い表すことが大切です。

○ この原則をしっかり踏まえて、司会者が黙って皆と一緒によく聴くならば、聖霊は思いのままに、ひとりひとりを見事に育ててくださいます。司会者は話しすぎないように心がけましょう。

《ひとりひとりの祈り》

○ 感想のあとの祈りが大切です。感想を述べてから、その人は続いて祈ります。

○ 祈りの内容は、当然、読んだ聖書と自分の生活に基づいたものになるでしょう。ひとりひとりの祈りに"主よ　わたしたちの祈りを聞き入れてください"と答えます。こうしてひとりの祈りが皆の祈りとなって神にささげられます。

○ 祈りは、アブラハムが祈ったように（創12／8，15／2，8）、神の名を呼び求め、"父なる神様""イエス様"と、はっきりした呼びかけをもって祈り始めるようにしましょう。もし"世界中が平和になりますように""次の日曜日がよい天気になりますように"だけでは、神への呼びかけになっていません。

○ 祈りは、神をほめたたえ恵みを感謝すること、人々のために神に取り次ぐ祈りであるように、祈りの内容と祈り方に、司祭は気を配る必要があります。

○ 参加者全員が発表した後、司会者も司祭も同じように自分の感想を述べて祈ります。

○ 感想と祈りの最後に、皆で主の祈りを唱え、時には詩編や聖母マリアへの祈りを加えて祈ります。キリスト者の集まりですから、復活された主キリストが共におられ、皆の祈りを父なる神にささげてくださることを意識して祈るように、時々参加者に思い起こさせる必要があります。

《休憩》（10分弱）

○ 集会全体の中で休憩も大切な時間です。一緒にお茶を飲むことも共同体を実感する大切な機会です。

○ この集まりは、単なる勉強会や研究会ではなく、キリストの兄弟たちの集まりですから、休憩を貴重な時間の無駄遣いだと、惜しんではいけません。

《休憩後》（約10分～15分）

○ 司祭や司会者に残されている時間は僅かです。皆の発言を聞いて、言いたいことがどんなにあっても、重要なところをしっかり把握できるように、強調すべきことだけを短く話します。

○ 今まで読んだところと、これから読むところの関連づけ、教会の典礼とのつながり、わたしたちの生きている社会や教会との関係などを必要があれば補います。

○ 次週までに読んでくる箇所を、簡単に説明を加えて参加者に伝え、読みにくい所があれば前もって注意します。

○ 参加者は多くの説明や難しい学説を求めてはいません。むしろ難しいところや疑問にとらわれないで読み進めるように、分かりやすく適確な短い説明があれば十分です。これから３年間読み続けるのですから、質問があれば、本人に考えるヒントを与えるだけでよいでしょう。

○ 毎週の集まりに出席している間に、知識だけでなく、"聞く耳" と "祈る心" が育てられていきます。そして、少しずつ自分の言葉で信仰を表すことができるようになります。それも恵みです。

○ 司会者が司祭でない場合は、定期的に司祭の出席を求め、教会共同体の指導の下で集まりを進めることが大切です。

《集会の終わりに》

○ 閉会の祈りとして詩編を歌います。

司会者が、司祭ならば祝福を与えます。

「また、来週お待ちしております」と言って、会を閉じます。

○ 非常に大切なことは、まだ話したいことがあっても、終了の時刻を守り、延長しないで終わらせることです。

神はゆっくり長い年月をかけて、みことばを語り続けて来られました。しかも神の最終のみことばは、まだなのです。

5．その他の注意

○ 参加者は自宅で補助テキスト『聖書100週間』の配分表に従って聖書を読みます。

○ 自宅で聖書を読むとき、この補助テキストを一緒に使います。

この補助テキストは、聖書を興味本位に読むことなく、神のご計画やその実現をよく読みとるために、道しるべ、手引きの役割を果たしています。

○ 参加者が補助テキストをよく使うようになると、聖書の通読は軌道に乗っておもしろくなり、やめられなくなります。

○ 司会者は、参加者が慣れるまで、特に初めの頃には、たびたび補助テキストを読むように気を配っていただきたいと思います。

○ 全聖書を100週間で通読するのは、かなりの速さです。

　そのために、普通は大いに議論されている言葉や出来事についても、長く時間をかける余裕はありませんが、聖書全体の流れや、聖書の中で繰り返し強調されている重要な出来事や、各書の焦点などは、しっかり把握することができます。

○ 参加者は、他の聖書解説書を読む必要は全くありません。むしろ、聖書の言葉を心で味わうように、その週に読む聖書の箇所を何度も読むほうがよいでしょう。

○ たとえ初めには分からないところがあっても、100週間かけて最後まで読み進む間に、自然に分かるようになります。

　このように全聖書を通読して全体をつかんでいれば、後に専門的な参考書を読むのも、特別な研究をするのも容易になります。

○ 聖書100週間の通読は、自分の信仰の土台を固めるための3年近い黙想期間のようなものです。

○ 補助テキストの聖書からの引用文は、おもに『聖書・新共同訳』を使いました。

○ 司会者は、講義方式をやめて、この聖書100週間のやり方に切り替える覚悟が何よりも必要です。

○ この方法は、いろいろな限界があるにもかかわらず、講師ひとりの話よりもずっと実り豊かで、実際にキリスト者の信仰の再確認のために有益です。

　集会の時間割

詩編の祈り	読んだ箇所の復習や要点をまとめる 典礼や日常生活とのつながりをつける　約30分	参加者ひとりひとり 今週読んだ箇所の感想を述べてから祈る（共同祈願のように）　約1時間（一人3分位）	休憩　約10分	次回 読む箇所の説明　10～15分	詩編の祈り

6．新しいグループを始めるにあたって

○ 新しいグループを始めるための準備と方法は、いろいろなやり方があると思いますが、ここで一例だけをあげておきます。

《準備》

○ 始める数カ月前から、聖書100週間を始める計画のあることを皆に知らせます。
　参加者が予定しやすいように早く知らせます。それは心の準備期間にもなります。

○ 信徒に "聖書を読もう" と、繰り返し呼びかけます。
　洗礼を受けたときの教理だけでは足りない。
　聖書を読んで、日々の生活の糧としよう。
　一生涯の間に一度ぐらいは全聖書を読もう。

○ かなり長い間、多くの人々に知らせてから、説明会を開きます。

《説明会》

○ 説明会には興味のある人々が集まりますから、聖書100週間のやり方はどういうものかを詳しく説明します。

○ 特に次のことをはっきり伝えます。
　全聖書を読むねらい。
　各自が自宅で決められた聖書の箇所を読むこと。
　毎週2時間の集まりに出席すること。
　集まりの時には、各自が読んできた聖書の感想を述べ、一緒に祈ること。
　先生の講義を聞くのではないこと。

○ 対象者は大人のキリスト者です。

○ 説明会の終わりに、その場で申し込みを受け付けます。そして、最初の集会の日時を知らせます。

《最初の集会》

第一部　みことばの祭儀（できれば聖堂でする）

1　聖　　歌

2　聖書朗読　ルカ24／13-27　エマオの弟子の話

3　励ましの言葉

4　聖　　歌

5　共同祈願

　　共同祈願例文

　・父なる神よ、いま、聖霊を遣わしてください。

　　わたしたちの心と耳が開かれ、聖霊の導きに素直に従うことができますように。

　・聖書を読み始めるわたしたちに、神のみことばを受け入れ、その意味をよく悟り、みことばを味わう喜びを与えてください。

　・この聖書100週間に参加するわたしたちに、妨げや苦労が生じてもそれを取り除き、終わりまでひとりも欠けることなく続ける忍耐を与えてください。

　・わたしたちだけでなく、わたしたちの家族にも、みことばによる喜びが伝わり、神の言葉によって、家庭も新たになりますように。

　・わたしたちが聖書を読むことによって、教会全体がキリストに、よりいっそう忠実なものとなりますように。

　・司祭も聖霊に導かれ、健康も与えられ、みことばを忠実に伝えることができますように。

　・この聖書100週間を始めるにあたって、多くの人々にお祈りを頼みました。その祈りが聞き入れられますように。

6　聖書朗読　マルコ7／32-37　耳が聞こえず舌が回らない人をいやす

7　「エッファタ」の祈り　司祭は、ひとりひとりの頭の上に手を置いて、「エッファタ」と祈る。

8　主の祈りと聖母マリアへの祈り

第二部　集会の部屋で

○ 補助テキスト『聖書100週間』を渡します。

　テキストの初めにある "心にとめておくこと" を参考に、もう一度、聖書100週間のやり方を簡単に説明します。

○ テキストにあるイスラエルの歴史を用いて、聖書はどのようにして成立したのかを簡単に話します。

○ 来週までに創世記１章と２章を自宅で読むこと。読んでくる天地創造の物語は、バビロン捕囚の環境の中でまとめられたものであり、その地方の物語を利用しているので、誤解しないように説明します。ここで、聖書には、いくつかの違う伝承があり、創世記１章と２章では伝承が違うことを話します。

○ 参加者が相談して、会場係、会計係、連絡係などを決めます。

　茶菓代などは、参加者たちで負担します。

<u>一生涯に一度は、聖書を全部読もう！</u>

＊恵みの本をひとりでも多くの信徒が、司祭が、修道者が、このようにじっくり読むようになれば、日本の教会全体が、新しく生まれ変わる喜びを味わい、見事に刷新されると確信しています。その実現を目指してお互いに祈りましょう。

参加者へのすすめ

1．聖書について

○ 聖書は他の書物に比べれば、装飾が少なく、味気ない本に見えるかもしれません。
　しかし、中身はイスラエルという一民族の長い年月にわたる出来事の体験が述べられ、それを通して神の言葉がすべての人に伝えられている特別な書物です。
　今は神の言葉を、活字になった書物として手にすることができる時代です。信者は神の言葉が記されている信仰の書として聖書を尊重し、信仰心と敬意をもって取り扱い、粗末にしないように置く場所にも心を配ります。

○ キリスト者はミサ聖祭など教会の典礼行事のときに、聖書の朗読、詩編の祈り、聖歌などで聖書の言葉を聴いています。しかし、教会の典礼の中で朗読される聖書は断片的であり、全体を通して一度に読まれることは全くありません。また、よく聴き慣れている聖書の朗読でも、その前後にある聖書的表現や歴史的背景までは出ていないこともあります。
　神の言葉の書である聖書を深く味わうためにも、ある程度総括的に聖書を知る必要があります。実際、多くのキリスト者がそれを求め望んでいます。この望みと期待に応えようと、聖書100週間の方法で全聖書の通読をしています。

○ 全聖書に記された神の言葉がどういうものか、
　どのようにわたしたちのところまで伝えられてきたのか、
　どういう心構えでそれを受け取ればよいのか、
　聖書100週間に参加して、全聖書を読み進むうちに次第に分かってきます。

2．実践によって

○ 聖書100週間の毎週の集まりに欠かさず出席している間に、全聖書を読むだけではなく、それとは知らずに、全く別の訓練もすることになります。

《自分の感想を述べる》

○ 毎週、自分の感想を自分の言葉で発表します。読んでいる聖書と自分の生活を照らし合わせて発表することになり、皆の前でする信仰告白のようです。毎週このように続けているうちに、自分の信仰を人に話す勇気も与えられ、積極的な信者になります。たとえ発表する辛さが終わりまで続くとしても、同時に発表後の喜びも続いて味わうことができます。これは単なる勉強や頭の体操ではなく、非常に大事な信仰の実践で、信仰の喜びを共に味わい分け合う100週間になります。

○ この方法をバイオリンの練習にたとえると、先生が言葉で理論だけを話していてもバイオリンの音は出ないので、生徒は自分で自分の体で弾く訓練をします。

○ 聖書100週間も同じです。参加者は実際に自分で聖書を読み、手探りで探し、心に感じたままの感想を下手でも自分の言葉で述べます。

《人の話を聴く》

○ 毎週2時間近く、仲間が手探りでみつけたことを、それぞれの声で聞くことになります。これは我慢のいる辛い面をもっています。人の話を聞くことは思ったより難しいものです。これからの自分の発表に気をとられて、人の話を聞いていないこともあり、また、自分が発表してしまうと感情が高ぶって、人の話が耳に入らないこともあります。それでもなお、自分の感情を乗り越えて、発表している人の言葉に耳を傾け、よく聞くようにしなければなりません。

○ 各自の発表というより、本当は、ひとりひとりの口を通して、聖霊の不思議な導きによるみことばを聞かされているのです。聞き逃すなら、惜しいことです。上手な人の話だけでなく、口下手な人の話も注意深く聞きましょう。

○ 謙そんに人の話に耳を傾けて聴くようになると、仲間の言葉だけでなく、静けさの中で沈黙のうちに語りかけてくださる神の言葉にも、徐々に心の耳が開かれ、聴くことができるようになります。

○ 実に神は絶え間なくわたしたちに呼びかけています。わたしたちは少年サムエルのように、「主よ、お話し下さい。しもべは聞いています」（サムエル上3／9）と、いつも言えるようになるでしょう。

３．神の言葉を聴く

○ この聖書100週間の間に、聖書に記されているイスラエルの歴史やイエス・キリストの生涯などを知りながら、参加しているわたしたちの心も少しずつ変えられ照らされて、神ご自身を前よりも、いっそう知るようになります。更にイエス・キリストとの個人的な心のつながりも深められます。

○ キリスト者ですから、教会の伝統的な聖書の解釈や聖書の読み方に従って、信仰の心で聖霊の導きと照らしを求めながら読み進んでいきます。それは聖書を世界的に認められている単なる文学書として読むのとは全く異なります。

○ 参加者は最初から信じる心をもって聖書を開き、生きている神の言葉を聴こうとしています。神は時代を超えて、今日も絶え間なく無限の愛の神秘を述べ続けておられます。わたしたちは、その言葉を受け入れ、聴き入れ、それに対して感嘆と驚きの賛美をささげます。

○ このような心構えで読み続けていくと、聖霊降臨の日だけに限らず、天地創造のとき以来、聖霊の恵みは、今も豊かであることが分かります。

○ また、聖書に出てくる人物の様々な態度の中に、自分自身の態度も示されていることを知ります。そして聖霊によって反省と改心に導かれ、「わたしに立ち帰れ。そうすれば、わたしもあなたたちのもとに立ち帰る」（ゼカリヤ1／3）と言われる神の呼びかけを聴くようになります。

○ 読み進んでいくと、わたしたちは "アルファとオメガ、最初の者にして最後の者" であるお方、イエス・キリストへと案内されていきます。そして、イエス・キリストによる死と埋葬と復活の過越の神秘に、自分も招き入れられ、キリストの過越の神秘の再現であるミサ聖祭の "信仰の神秘" を、更に深く、更に明らかに分かるようになります。

○ また、主イエス・キリストが、今日もなお、教会の中で教会を通して過越の不思議な業を行い続け、聖霊の交わりの中でわたしたちを御父のもとへ導いていることも、はっきり分かるようになります。

○ ナザレのイエスは祈るとき、詩編の祈りを "わたし" と言われて、祈り歌われたことも知ります。 "父よ、わたしは昼も夜も絶え間なくあなたに叫ぶ" という詩編の嘆きを、復活して生きているイエスは、今も教会を通して叫び続けています。言い換えれば、今もわたしたちの口を通して、わたしたちと共に "わたし" と言って叫び続けています。全聖書の心ともいえる詩編の祈りの味が、自分の中で、いっそう豊かな味わいになっていきます。

○ わたしたちは、主イエス・キリストの過越の神秘を中心に生きる、3年間の長い黙想会に参加していることになります。

○ 聖書100週間は、ある意味で信仰の基礎、土台造りの期間とも言えます。土台がしっかりしていれば、より専門的な研究も容易にできるでしょう。

4．自宅で聖書を読む

○ 参加者は毎週の集まりに出席するために、配分表に従って、聖書の何章かを自宅で読みます。

○ 読む前に目をつむって、参加しているひとりひとりのために、聖霊の助けを祈り求めます。読み終わったときも、同じようにします。

○ 聖書を読みながら、読んでいる1章ずつの短いまとめを記します。この短いまとめは、後で復習のときに役立ちます。

○ 聖書を読み終わってからしばらくの間、目をつむって振り返ると、自分の心に残った言葉とか、聖書の人物の態度や行ないなどが浮かんでくるでしょう。これこそ集まりの時に感想として述べる事柄です。忘れないように書き留めておきます。同じように、感想の後の祈りも準備します。しかし、書き記した感想は思い出すためだけで、集会の時には自分の言葉で発表しなければなりません。

○ なお、終わりまで休まず出席するためには、家族の協力が絶対に必要です。特に子供のいる家庭では、子供たちに声を出して読み聞かせるように勧めています。家族も100週間を共に歩いて行きます。

５．集まりに出席する

○ 集まる人々によってグループにも個性があります。どのようなグループであっても、参加を決めて始めたからには、100週間を終わりまで続ける覚悟が必要です。
○ 言うまでもなく、聖書を読むこと、休まず毎週出席することです。
○ 自分自身のために聖霊に祈り求めますが、自分のために祈り求めたのと同じように、参加しているひとりひとりのためにも祈り求めなければなりません。
○ 批判や評価を避け、互いに支え合い、祈り合うならば、共にいる兄弟姉妹のような付き合いになっていきます。

聖書100週間の恵み

○ これまでに多くの人々が、補助テキスト『聖書100週間』を使いながら、全聖書を読み終わっています。その人々からいろいろな意見や報告が寄せられていますが、確かに共通の成果と言えるものがいくつかあります。

○ 初めから終わりまで真面目に読み続けた人々は、聖霊に導かれて、すばらしい恵みをいただいています。しかし、この恵みは、聖書を一瞬に悟ったとか、手軽に手に入れたというものではなく、3年近く"忠実に聖書を読んで集まる"という努力の積み重ねによって得たと言えるでしょう。

○ 忠実に全聖書を読み終わった人たちは、神の啓示の発展と流れを把握して、神の言葉を味わい、それに親しみ、より深くミサ聖祭の神秘を理解し、個人的にもよく祈るように、実際に変わっています。

《生活面で》

○ この集まりに参加するようになると、毎週顔を合わせ、毎週同じ声を聞きながら、ひとりひとりの心が次第に開かれ、お互いが仲間として意識されるようになり、今まで自分が感じていた孤独や孤立から解放されます。この体験は教会共同体の中でも、毎日一緒に生活している修道院の中でも同じようです。

○ 自分が教会共同体の一員であることを自覚し意識するようになり、キリストの兄弟姉妹としての交わりの力強さや支えを体験します。毎週の感想を通して、知らなかった互いを知るようになり、自分のことばかりでなく、共同体と共に共同体のためにも祈るようになります。

○ 神が愛にあふれる親のように身近な存在となり、神に賛美と感謝の心で祈るようになります。

○ キリスト者は"今日"語られている神のみことばによって希望が与えられています。特に洗礼の秘跡の恵みは、受けたその時だけでなく、生き続ける恵みであることを知り、洗礼による神の民の共同体の一員としての使命も分かってきます。

○ ミサ聖祭は救いの実現です。イエス・キリストにおいて、イエス・キリストと共に、イエス・キリストのうちに"今日、わたしも救い出され"ます。ミサ聖祭で

朗読される救いの言葉、司祭の祈り、自分たちの応答の言葉の意味も深く味わえるようになり、キリストを中心にした日々の生活へと次第に変えられます。

○ 聖ペトロの手紙（3／15-16）にあるように、信仰について教会について人から尋ねられる時、恐れずに自信をもって答えられるようになります。

《家庭で社会で》

○ 申命記に "親は子供たちに繰り返し教えなさい" と言われていますが、親は神の救いの計画を子供たちに話せるようになります。子供たちの質問や疑問にも応じられるようになり、聞いて欲しいとさえ思うようになります。

○ 子供たちは、父親や母親が家庭で熱心に聖書を読み、毎週の集会に出かける姿を見ているだけで、言われなくても自分で勉強するようになります。

○ 夫婦で参加していると、共通の話題ができて心も開かれ、家庭生活も円満になります。

○ 聖書を読んでキリスト者としての使命に目覚めた人たちは、複雑な現代社会が抱える不正や悪を敏感に見抜くようになり、社会においても、自分のできる活動に積極的に参加するようになります。

○ 聖書100週間が終わってからも、神の言葉を深く味わい、みことばに養われ力づけられたいと希望するようになり、霊的糧を求めて黙想会や錬成会に参加するようになっています。また、各自の立場で、神の国の実現のために力を尽くそうと動き出しています。

「幸いなのは神の言葉を聞き、それを守る人である」（ルカ11／28）。

《終わりに》

＊エマオに向かう二人の弟子たちは、わたしたちのことです。

「二人の弟子が、エルサレムからエマオという村へ向かって歩きながら、話し合い論じ合っていると、イエス御自身が近づいて来て、一緒に歩き始められた。しかし、二人の目は遮られていて、イエスだとは分からなかった。イエスは歩きながら、モーセとすべての預言者から始めて、聖書全体にわたり、御自分について書かれていることを説明された」（ルカ24／13-35参照）。

○ 二人の弟子たちは、ナザレのイエスについての一部始終を知っていましたが、その本当の姿は分からなかったのです。

○ 二人は足を止めて、ゆっくりイエスの話に耳を傾けました。

「メシヤはこういう苦しみを受けて、栄光に入るはずだったのではないか。」

「一緒に食事の席に着いたとき、イエスはパンを裂いてお渡しになった。すると、二人の目が開け、イエスだと分かった」。

＊このように、旧約聖書と新約聖書とは、切り離すことのできない一つのものです。イエス・キリストの神秘は、旧約聖書の初めから告げられ語られています。また、ナザレのイエスの受難と復活による過越の神秘を知っていたならば、旧約聖書の言葉の意味も説き明かされて、全聖書を通して語られる神の言葉を、正しく読み取ることができるようになります。

○ わたしたちも足を止めて、ゆっくりイエスの言葉に耳を傾けましょう。イエスは、今も教会を通して、わたしたちに絶えず語りかけています。

「神は、かつて預言者たちによって、多くのかたちで、また多くのしかたで先祖に語られたが、この終わりの時代には、御子によってわたしたちに語られました」（ヘブ1／1-2）。

編纂者

マルセル・ルドールズ　Marcel LE DORZE
パリ外国宣教会司祭　m.e.p.

1919年5月21日、フランス・ブルターニュ地方に生まれる。1946年6月29日、パリ外国宣教会本部にて司祭叙階。その後、中国・四川省に派遣され宣教に従事。1952年1月、来日。1954年〜87年、カトリック上野教会（東京）主任司祭を務める。1974年の聖年を機に、信徒と全聖書通読を始め、手引き『聖書100週間』の編纂を始める。1987年〜2001年、「聖書100週間」の担当司祭として真生会館でグループの指導に専念。1999年6月、カトリック東京カテドラル関口教会にて「聖書100週間」25周年を祝う。2015年8月16日、フランス・ブルターニュ地方、サンタンヌ・ドーレー村の養老院で老衰のため帰天。享年97歳。

聖書100週間　ご案内

| 1991 年 | 改訂版発行 |
| 2019 年 6 月 29 日 | 改訂新装版第 1 刷発行 |

編　纂　マルセル・ルドールズ　Marcel LE DORZE, m.e.p.
発行者　関谷 義樹
発行所　ドン・ボスコ社
　　　　〒160-0004 東京都新宿区四谷 1-9-7
　　　　TEL 03-3351-7041　FAX 03-3351-5430
印刷所　株式会社平文社

乱丁・落丁はお取替えいたします。